幸せな
女性起業家の
教科書

幸せな女性起業家プロデューサー
蔦田照代

銀河出版舎

はじめに

この本を手に取って下さった方は「自分で何か仕事を始めたい」、「自分で稼ぐ力を身につけたい」、「普通の主婦や会社員で終わりたくない…」などの思いを持っておられるからではありませんか？

私も同じ気持ちを持っていました。

もちろん誰かの奥さん、誰かのお母さん、どこどこのお嫁さん、という役割も嫌ではなかったです。それも女性の大切な仕事であり、幸せだと思っていました。男性のように仕事をするだけの人生よりも、女性としての幸せも、仕事も趣味もすべて楽しく両立させるのはどうすればいいか？そのようなことばかり考えていました。

女性は様々な社会的通念によって制限されています。日本独特の大和撫子的な考え方もまだ根強く残っているのも現実です。ただそれも自分らしい生き方の軸があれば、世間一般の常識に囚われたり、他と比べることもなく、自由な理想の人生を手に入れることができるのです。

起業は、すべてを自分で決めます。そして何もないところからビジネスを生み出すのです。それは人生にも似ています。ビジネスを手段としてあなたが望む人生を創り出すことができるのです。決められた仕事を、決められたお給料で、決められた時間で、決められた場所でするのではなく、すべて自分で選ぶことができます。レールの上に乗った人生ではなくて、自分自身が思い描く人生に合わせて選択していけるのです。

この本は「自分ができることをお金に変えて（キャッシュポイント）、理想のライフスタイルを送りたい！と考える前向きな女性に向けて書いた本です。

理想のライフスタイルやビジネスを構築する方法は、学校では教えてくれませんでした。学校は社会の常識に従順で勤勉な、会社に勤める典型的な日本人像を作るための教育だからです。私がこの本で書くことは、今まで学校で教わってきたこととは真逆です。一風変わったワークで今までの常識を覆したり、心の抵抗を外すという実践編も盛り込んでいます。それはすべて私自身が経験し、実践してきたことです。

最初に断言しておきます。

あなたが良き娘・良き妻・良き母になろうと思って努力してきたことは、すべて水の泡と化すかもしれません。それくらいのパラダイムシフトが起きると覚悟して読み進めて下さい。

そして必要なのは「起業家」としての考え方です。

私たちは生活のほとんどが「消費者」として、サービスを受ける側です。「起業家」は、商品やサービスを提供する側です。今までの視点を変えて、自分自身を変えていくことがとても大きな要素となってきます。


その心の準備ができたのならば、ただ読むだけでなく、この本を教科書にして、線を引き、ノートに書き留め、じっくりと読み進めてください。

自分で選んで自分で決める人生はとっても楽しく、幸せで豊かです。そして自分だけでなく、周囲の人たちを幸せにすることが本当の意味での豊かさだと思います。


この「幸せな女性起業家の教科書」には誰もが持っているキャッシュポイントを、年商1000万円のオンリーワンビジネスに変えることができるヒントや考え方、ノウハウが詰まっています。

この本を読み終えるころには、あなたも「幸せな女性起業家」として一歩を踏み出していることをイメージして一緒に進んでいきましょう!

目次

第１章

自己実現したい女性のための働き方

本当の自分が望んでいることを、実現するための道具のひとつが仕事です。

その仕事のひとつが「起業」です。

第１章　自己実現したい女性のための働き方

ひと昔前までは、女性は企業に腰掛け的に就職し、そして寿退社をして主婦におさまる、という人生路線が主流でした。

１９８６年に男女雇用機会均等法が施行されてから、女性も男性と同じ土俵に立ち、キャリアを積み上げ、組織の中で出世をすることも可能となりました。

組織の中でバリバリと働くことが人生の目的である女性にとっては、素晴らしい法律です。しかし、仕事と結婚・出産・育児との両立が難しくて、泣く泣くキャリアを断念せざるを得ない現状が多いのも事実です。

学生時代は勉学に励み、社会人になっても仕事をまじめにこなして、人生の目的や目標が見えたときに、その延長線上の未来に進めなくなることを多くの女性は経験しています。

企業の中に目指す女性上司がいない！ということが今後の働き方に不安を覚えるきっかけになるようです。

既婚の女性上司は、仕事と家事と子育てで疲れ果てていて、仕事に対しての情熱も感じられず、ただお給料と退職金をもらうためだけに、そこに居続けている…。

かたや、独身の女性上司は仕事はバリバリとできるし、お金も時間も自由に使える独身ライフを楽しんでいるけれど、ずっと一人でいることの不安を抱えている…。

結婚・出産をされて会社員を続けている方は、保育園や夫や両方の親からのヘルプを受けながら、何とか踏ん張っている…。

退職して主婦をしながら、パートをされてる方は、子どもの病気などで休むとなるととても気を使っている…。

そのような現実を突きつけられると「家庭も持ちたい、子どもも産みたい、だけど自分の仕事もしたい。それをすべてバランスよく叶える方法はないのかも…」と、少し諦めモードになってしまいますね。

そんな女性たちのため息が伝わってきます。私もそんな時期がありましたから。

でもここで諦めるわけにはいきません！

今後の人生を考えたときに、「未来が見えない！」「これからどうすればいいのかわからない」

という不安にさいなまれた女性たちにこそ、自分の人生は自分で作る！その手段が「起業」なのだと私は思うのです。

実際に、好きな時間で働きたい、好きなことや得意なことを生かしてお金を得たいと起業する女性も増えてきました。ＳＮＳで認知を広げ集客し、小資本で身の丈で気軽に始められるなど、以前よりも起業のハードルが下がり、お仕事を始めている女性起業家さんがたくさんいます。

しかし、現実的には多くの問題を抱えているようです。

経済産業省の調査データによると、７割の女性起業家の個人所得は１００万円未満となっている現状があります。

その理由として、女性は男性と比べて「経営に関する知識・ノウハウ不足」、「事業に必要な専門知識・ノウハウ不足」と回答する女性起業家の割合が高いのです。

・好きなことを仕事にしたい
・普通の主婦で終わりたくない
・育児・家事と仕事を両立させたい
・子育てが一段落、何か仕事を始めたい

・人生の全てを味わい尽くしたい

そんな思いで、せっかく起業したにも関わらず、収入はスズメの涙、思うようにいかなくて、結局辞めてしまう方もたくさん見てきました。根性論だけでは続けられないのも事実です。

起業するからには、起業の知識とノウハウを知らなければなりません。それらは学校では教えてもらえません。どこかで起業の正しい方法と正しい順番を学ぶ必要があるのです。

今までも何度か女性の起業ブームがありました。

18年以上私が女性の起業業界を観察して言えるのは、女性の起業ブームに踊らされたあげく、人生の優先順位がわからなくなり、起業迷子どころか人生の迷子になっている女性が増えているということです。

幸せになるために、起業しようと思ったのに…

全然幸せじゃないし、

お金もたくさん使ったし、

ＳＮＳのうわべだけのつながりを、

友達だと思ってしまって、

結局なーんにも残っていなくて、

私何やってんだろうなー?!

という人は、ぜひ人生をもう一度見直して下さい。

本当の自分が心の底から望んでいることでなければ、一瞬お金が入ってきたとしても、それ以降は続かないのです。人生の土台をしっかりさせて、ビジネスを始めることが肝心です。

何のために起業するのか?

なぜ起業するのか?

そこをしっかり考える必要があります。

起業初期は売り上げが最優先で良いのですが、いずれ「何のためなのか?」を考えないといけない時期が来ますので、最初から考えておいた方が、その方向に向けて動けますよね。

起業でなければ叶えられないことであればあるほど、行動は加速します。

ブームであちこちに起業塾が出来ましたが、華やかな部分だけを見せて、本当に大切なことを教えていないし、教えられる人は少ないと思います。

人生を見直すことによって、今一番必要なことは何かと考えた結果、

・起業ではなくて就職だったと正社員に戻られた方、

・子どもが小さい間は、子育てを優先しようと決めた方、
・居心地の悪い会社を3年後に退職すると決めた方、
など、起業をしない選択肢もあります。

「幸せな女性起業家」とは、お金をとにかくいっぱい稼ぎましょう！稼いで稼いで、年収〇〇万円を目指しましょう！ということではなく、『まずは人生の土台をしっかり固めることから』です。

根っこがしっかりしていれば、ブレることなく、柳のようにしなやかになれます。もうビジネスの迷い子でもないし、人生の迷い子でもありません。

そんな心から望んだ人生の道を自分の足で歩いている「幸せな女性起業家」が今後の女性の生き方になります。

三木智世さん・岡山在住

・ダイエット専門のボディケアサロンTMを経営

・起業5年目

独立した当初に蔦田さんと出会いました。

その当時は何をしていいか全くわからず、自分なりにFacebookをやってはみたものの、全く集客にはつながっていませんでした。途方に暮れていたところ、蔦田照代さんのお茶会が岡山であることを知り、何かヒントになればと会いに行きました。

●どう変化したか

エステティシャンとしてフェイスからボディまで何でもできますよ！という打ち出し方をしていたのですが、「一番成果を出してきたものは何？」と聞かれて、「痩身です」と答えたところ、「それが三木さんのキャッシュポイントです」と言われました。

そこから手技だけの施術の「ダイエット専門サロン」に特化しました。

サロン勤めで15年間やり続けて結果を出してきた「誰でも5キロは痩せられます。今まで4000人の方を痩せさせて20トンの脂肪をなくして来ました」というキャッチコピーに絞ったことで、お客様が増えて来ました。

あれもこれもできますというより、「どんなお悩みを抱えている人にどのようにお役に立てることができるのか？」に特化する発想は今までなかったものでした。

売上が月に20万円もなかったのですが、月100万円の売り上げの目標を掲げ、取り組んだところ、月120万円の売り上げを達成することが出来ました。

次に施術時間が1時間～1時間半のメニューを3時間3万円のメニューに変え、1回の施術で劇的な変化をしていただくことでお客様に喜ばれました。


それから体重を落とすだけでなくきれいな体型維持も大事だと考え、ジムに通うなどの特別なことをしなくても、普段の生活でできる立ち方や歩き方で体形がみるみる変わる「ミキササイズ」のワークショップを始めました。

何をやっても結果が出ない、もしくはダイエットをしてもすぐにリバウンドをしてしまい、ダイエットの迷子になっている方のお役に立てています。

私が考えるダイエットとは、ただ痩せるだけでなく、その人が元々持っている体型や形を再確認させてあげてその人本来の美しさを引き出すことです。

●蔦田塾を選んで良かったと思うところ
ビジネスの本質をしっかりと学べたことです。

ビジネス用語が全く分からなかったのですが、例えやわかりやすい言葉で通訳してもらっている印象でした。コツコツ伝え続けてもらって徐々に理解できています。

自分を次々に変化させていく喜びを味わっています。この後もずっと学び続けたいと思っています。

第2章

あなたも幸せな女性起業家になろう！

幸せな女性起業家とは＝仕事も家庭も
すべてにバランスよく、時間やお金も
自由自在に使って、自己実現してゆく
女性の働き方です。

第２章　あなたも幸せな女性起業家になろう！

私が起業を意識したのは38才のときです。

すべて自分で決めてできる仕事はないか?と探していたときに出会ったのが「ＳＯＨＯ」という言葉でした。

ＳＯＨＯとはスモールオフィス・ホームオフィスの略で、言葉のとおり、自宅や小さなオフィスなどを利用して仕事をするという働き方です。

子どもが小さい間は家にいて「お帰り」と言ってあげたいと思っていたので、自宅で仕事ができて、しかも自分のビジネスで自分がしたいように進めることができる働き方はとても魅力的でした。

それから私の起業人生が始まりました。起業18年間で学んだり気づいたり実践してきたことは膨大にあります。その中でこれは知っておいた方が遠回りせずに済むということをお伝えしますね。

※Ｓｍａｌｌ Ｏｆｆｉｃｅ／Ｈｏｍｅ Ｏｆｆｉｃｅ（スモールオフィス・ホームオフィス）、略してＳＯＨＯ（ソーホー）とは、「パソコンなどの情報通信機器を利用して、小さなオフィスや自宅などでビジネスを行っている事業者」といった意味で使われる場合が多い。

目指して欲しいのは「幸せな女性起業家」です

幸せな女性起業家とは＝仕事も家庭もすべてにバランスよく、時間やお金も自由自在に使って、自己実現する女性の働き方です。幸せベースに起業することです。

最初に「私の幸せってなに？」をはっきり考えておかないと、どんどん違和感を感じるようになります。違和感を修正せずに進めていくと、最終的には全く幸せではない人生にたどり着きます。そうなったら手遅れです。

そんな人たちを私の起業人生でたくさん見てきました。

今はどうしてるんだろうと、消えていった人や、ビジネスはうまくいって、お金は入ったけれど、あれ？自分の幸せってこれだっけ？？？と、わからなくなっている人もいます。

自問自答して軌道修正できればいいけれど、ほとんどの場合、自分の幸せを見失って、「不幸な成功者」になってしまうのです。

ビジネスがうまくいけばいくほど、自分も幸せ！周りも幸せ！と幸せの循環が起き、自分の周りに笑顔がたくさん増えていくこと。これが、理想的なビジネススタイルです。

人が喜ぶこと、幸せになることを、自分ができることで提供する、それがビジネスの本質です。

幸せな女性起業家に必要なのは、自分に合った方法を知ることです。

「幸せ」のカタチや大きさは人それぞれ違います。他の誰かの幸せがあなたの幸せと同じとは限りません。自分自身の「幸せ」を把握しないことには始まらないのです。

現代の日本社会では、学校や会社に順応して頑張ってきた人ほど、自分の良さを見失ってしまい、自分を置き去りにしています。

「幸せな女性起業」になるためには、自分を知ることを避けては通れません。自分としっかり対話し、目指すところや自分を活かす方法を明確にして、それに沿って進めていかなくてはいけないのです。

ノウハウ系のセミナーを受けても結果が出ない理由はここにあります。

他人の成功メソッドも、小手先のテクニックも、あなたを「幸せ」には導いてくれません。

大切なのは、自分を知り、幸せの土台をしっかりと整えることです。

ひと昔前まで日本では、女性は自分を抑えて、全てを家族に捧げることが美徳とされてきました。その考えは今でも根強く残っているので、あなたの周りでも、あなたにそんな生き方を求めてくる人がいるかもしれません。またあなた自身、満たされない生活も仕方ないことだと思っているかもしれません。

しかし、今はもう、女性だけが我慢をする時代ではありません。むしろ、家族に愛を与えるためには、あなたが自分自身を満たす努力をしなくてはいけないのです。

「自分には特別な能力なんて何もない」と思っていますか？

人は誰でも、自分では当たり前すぎて気づいていないけれど、他人から見たら「すごい」と思うような、生まれつきできてしまう得意分野や能力を持っています。

その中で誰もが持っているキャッシュポイント（＝お金に変えることができるもの）を活かして仕事ができれば、無理なく効率的に、楽しんでお金を生み出すことができるようになります。

幸せな女性起業家とはこんな人

幸せな女性起業家の定義はビジネスだけではなく、その人の人生そのもの、つまり生き方をも含みます。

自分の軸をしっかり持ち自分の幸せとは何か?が、ちゃんと分かっている、そんな一本筋の通った生き方ができる人でもあるのです。

では、もう少し「幸せな女性起業家」について書いていきます。

①自分を中心に置いて人生を生きている人

言葉を変えて言うなら、自分のことが、はっきりとわかっている人です。
やりたいこととやりたくないこと、
好きなことと嫌いなこと、などなど、
自分の物差しがはっきりしています。
人がするからとか、これをやったらどう思われるか?などは気にしていません。人の物差しで生きていないのです。
大切なのは「自分が楽しくてワクワクすることをやる」と決めることです。心から楽しんでいる人のそばにいるだけで幸せになりませんか?
自分が心から楽しむだけで周りの人を幸せにできるのです。

②キャッシュポイントをたくさん持っている人

収入が多ければ多い人ほど、キャッシュポイントをたくさん持っています。

そしてそのキャッシュポイントを自由自在に使って、あちらこちらから収入を得ているので、1つの事業がうまくいかなくても、他のキャッシュポイントでカバーできるので、息の長いビジネスをすることができるのです。

例えば、１００万円入ってくる大口ビジネスを1つ持つより、10万円入ってくる小口ビジネスを10個持つ方が手堅いのです。そういう柔軟な発想ができれば、、起業を続けることができます。ビジネスで重要なのは「売上を作り続けること」です。次々とキャッシュポイントを生み出し、ビジネスに変えられる人が、楽しく幸せに事業を続けています。

キャッシュポイントをたくさん持っている人は、発想が豊かな人でもあります。自分の等身大の可能性が分かっていて、その可能性に対してまずはやってみようというチャレンジ精神がある人は、どんどんキャッシュポイントの可能性を広げられます。

③セルフイメージが高い人です。

セルフイメージとは、自分をどのように認識しているかです。

自分が好きで、自分を尊敬し、愛している人ほど、セルフイメージが高いと言われます。

自分のマイナス点も受け入れ、「そういうところもひっくるめて自分は素晴らしい！」と思えるようになることです。


以前の私はセルフイメージが低すぎて、外からの評価と自己評価の落差が大きかったのです。

ひとつひとつ「自分は素晴らしい」と書き換える作業をしました。

そう、セルフイメージは書き換え可能なんです。


私たちは、今の自分のセルフイメージに応じた現実を作り出しています。

「普通の主婦では終わりたくない」と思う女性は多いですが、
いざ行動するとなったときに自信がなくて、
でも…

けど…

だって…

その言葉通りの現実を作り出しています。

だからこそ、セルフイメージをひとつ上げるのです。そうすればそのセルフイメージ通りの現実が待っています。

普通の主婦では終わりたくない。でも、子どもがいるから…、ではなくて、子どもがいるからこそ、起業する！と、思考を変えていきましょう。

幸せな女性起業家は「セルフイメージ」が高いし、自分のセルフイメージを上げ続けることをしています。

女性の起業が甘いと言われる理由

それでは、視点を変えて女性の起業は甘いと言われている点を現実的にみていきましょう。

①夫の稼ぎがあるから生活には困らない＝稼ぐ理由がない

今まで起業に興味あると言う女性（特に主婦）６０００人ほどとお会いしてきました。

そのほとんどは「自由に使えるお金が欲しい」という願望です。

でも、実は旦那さんのお金を自由に使っていらっしゃるのです。それが生活費だったとしてもです。

中には几帳面な旦那さんで「毎月家計簿チェックが入るんです」という方もいらっしゃいましたが、ほとんどの方は、お給料が振り込まれる通帳を管理されているパターンですね。つまり、そのお金を自由に使えているわけです。

それなのに「自由に使えるお金がない」とおっしゃる意味がわかりません。

たまに「生活費が赤字でどうにかしなければ…」という状態の方もおられます。しかし家計診断をすると、無駄な出費が多く、単に「お金の使い方が下手」なだけなのです。ちょっと見直しをしたら3万円の余剰が出た場合もあります。

本人が思っているほどお金には困っていないのです。

本当に生活のためにお金が必要ならば、私はアルバイトや就職をおすすめしています。

起業で稼いでいける保障はないし、収益が安定するまで時間がかかるからです。

②満たされない何かを満たそうとしている

女性が起業をしたいと思う発端は、満たされない何かを満たそうとしていることが多いです。

実は私も最初はそうだったんですが…。

しかし「満たされない何かを他のもので埋めようとしてもうまくいきません」と断言します。

ここで女性が起業にいたるパターンの例をあげてみましょう。

主婦は家事と子育てがメインの仕事です。

朝は朝食とお弁当の用意から始まり、子どもが小さいときは幼稚園に送り、掃除や雑事であっという間に夕方。

子どもをお迎えに行き、夕食の献立を考え、スーパーに買い物に行って、帰宅してバタバタと夕食の支度。その間に宿題をさせたり、学校での話を聞いたり…。「ねぇねぇ、ママ聞いて」という子どもの声にいつも笑顔で受け答えできるわけではなく、お風呂に入れて寝かしつけて、自分も一緒に寝落ちすることもしばしば。

その間に夫が帰宅して、レンジでチンしたご飯を食べさせ、晩酌に付き合う。

今日のあれこれを聞いてもらいたいのに、無言の夫に話す気力もなく、

「このままの生活がずっと続くのは、耐えられない！」と、外に働きに行くことも考えたけど、求人チラシを見てもやりたい仕事はない。

だったら、最近ブログやＦａｃｅｂｏｏｋで見た「女性が起業する」って興味があるわ。それなら、私もキラキラと輝けるかも！

こんな動機の方はたくさんいますね。

これは、ＯＬさんにも当てはまります。いずれにせよ、ネガティブスタートはうまくいかないということです。

③気分でビジネスをやっている

やる気があるとき、やる気がないとき、盛り上がってるとき、盛り上がってないとき、その気になったとき、その気になってないとき、ブログ書きたい気分のとき、ブログ書きたくない気分のとき、集客が上手く言ったらうれしくて調子に乗って、集客が上手くいかなかったら悲しくて凹んでしまう、褒められたら舞い上がって、褒められなかったら落ち込んで、「いいね」がたくさんあったら喜んで、「いいね」が少なかったらがっかりして…


書き出したらきりがありませんが、これらすべてビジネス思考ではありませんから、売上が上がらないのは当たり前ですね。

ただお金が欲しいだけなら、バイトしてください。お金と時間が欲しいなら、主婦を続けてください。

とにかく起業したい！という人は、なんでも良いので10万円の売上を作ってみましょう。10万円を売り上げるまで辞めないと決めて、取り組んでみてください。

そのためには感情と行動を切り離すことです。

そして10万円を手にしたときに、心も満たされたのなら、起業すると良いと思います。それを毎月毎月繰り返して、１年続けば、あなたは立派な起業家です。

やる気があるときだけやるのは、仕事とは言えないですよね。

幸せとは⁉　成功とは⁉

行動する以上に大切なことがあります。それは自分軸をはっきりさせておくことです。

自分にとっての幸せとは何か？

自分にとっての成功とは何か？

それぞれ10個ずつ書き出してみると良いですね。

自分にとっての幸せとは？

1.
2.
3.
4.
5.
6.
7.
8.
9.
10.

自分にとっての成功とは？

1.
2.
3.
4.
5.
6.
7.
8.
9.
10.

そしてここでひとつ気をつけて欲しいことがあります。

「成功」の延長線に「幸せ」があると思っていませんか？

「幸せ」と「成功」は全く別物なのです。ベクトルで言うと方向性が90度違います。成功すれば幸せになると考えている人が非常に多いのです。

成功の延長線上には成功しかなく、
成功すればどんどん上の成功を目指し、
成功だけを追い求めるといつまでたっても
満たされないそんなジレンマに陥ります。
しかし幸せは、いつでも感じることができます。
おいしいものを食べたとき、
感動する映画を見たとき、
きれいな夕焼けを見たとき、
子どもの成長を目の当たりにしたとき、
そんなときに私たちは幸せを感じることができるのです。
成功していても成功してなくても、

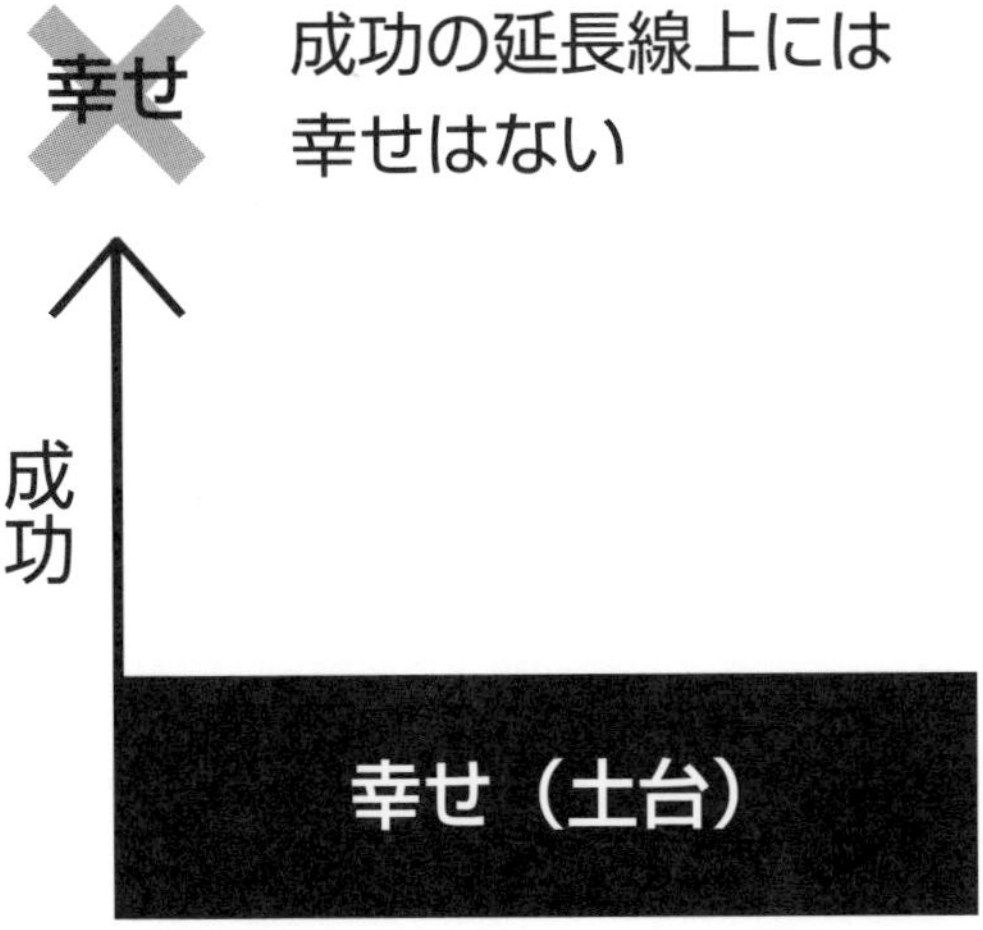

いつも幸せを感じることができるのです。

「幸せは人の心が決める」という言葉があります。人によって幸せの定義も価値観も全く違うわけです。

成功と幸せは全く別のものであり、成功の延長線上に幸せを追い求めることなく、常に幸せを感じながら、自分自身の成功に向かってチャレンジし続けることが大切なのです。

成功しないことが不幸ではなく、成功よりも、自分の夢に向かってのチャレンジ自体で幸福感を味わえれば、成功と幸せが同じベクトル上に並ぶということはありません。

これをしっかり理解していないと、いつまでたっても成功できない自分を責めたり、達成しても「もっともっと」と欲が出て、満たされない自分のままで人生を終えることもあり得ます。

そんな本末転倒なことが起こってからは遅いので、成功の延長線上に幸せがあるという考え方を改めてください。

幸せな女性起業家とは、自分の幸せとは何か、成功とは何かを明確にし、人生を組み立てていく女性です。

特に女性は、男性のように「人生＝仕事の成功」ではありませんから、より自分の幸せとは何か？大切にしたい人は誰なのか？何が好きで何が嫌いなのか？をしっかりと明確にしておく必要があります。

その幸せを元に、自分の人生で成し遂げたいことを実現していきましょう。

Wさん・大阪在住

・フリーライター／エディター（マスコミ）
・10年フリーでやっています。

東京の出版社を辞めて結婚、大阪に移住し、4歳、2歳の子育てに忙殺されてるなかで主人の浮気、借金、暴力のトリプルパンチに見舞われ別居。実家の両親や兄弟、友人の99％は離婚したほうが良いと。しかし私自身の収入は月収わずか８０００円。幼子ふたり抱えて、どう生きていったらいいのか途方に暮れていました。

そんな頃に蔦田さんに出会いました。お茶会で蔦田さんは「今は離婚しないほうがいい」とはっきりおっしゃいました。それにまず驚きました。私も心の底では離婚したくないと思ってたのです。蔦田さんが提唱する幸せな家庭とやりたい仕事を両立させる「幸せな女性起業家」になりたいと思いました。

●それがどう変化したか

まず収入の面では、別居当時は月に８０００円だったのが、ライター業を完全に復帰して、月に多いときは40～50万円の売り上げになりました。フリーランスなので月の売り上げにばらつきがありますが、蔦田さんに「まずは月収20万円を死守して。それを達成するためにいま何をするのか考えて」と言われ、新規開拓や売り込みを積極的に行いました。現在、定期的に5～6社とお仕事させていただいています。

また、蔦田塾では前半３ヶ月でマインドを徹底的に整えるのですが、精神面でも私にはとても良かった！

それまでの私は「結婚したからには主人に幸せにしてもらう」「子育ては私がしているんだから、主人が稼ぐのが当たり前」「主人が作った借金は、私には関係ない」とずっと思っていたんですね。態度にも現れていたと思います。

主人を応援したり励ましたり癒すことのない、可愛げのない妻だったと気づかされました。ずっと自分は頑張っているつもりでしたが、自分の幸せは他人によって決まるという他人軸で生きていました。

●蔦田塾を選んで良かったと思うところ

いまは何か問題が起きても、私はどうしたいのかをという軸で判断できるようになったと思います。金銭面の問題でも「大丈夫。私が稼ぐ」とまず思えるようになりました。

これは蔦田塾で自分の才能や仕事に自信がもてたこと、ビジネスのやり方を教えていただいたことが大きいと思います。

不思議と自分軸がはっきりすると、主人との仲や金銭面も好転するようで、最近は車中で運転している主人に「私が幸せに生活できているのはあなたのおかげ」みたいなことをサラッと言えるようになりました。主人も頑張ってくれているので感謝できるようになり夫婦のパートナーシップもとてもよくなりました。

櫻井法恵さん

・セミナー講師／コンサルタント
・起業5年目　2019年法人化

何かやりたいけど何をやったら良いかがわからない状態でした。

できることをやってはいたけれど、もっと他にできることがあるのではないか、こんなもんじゃないのではないか、と気持ちだけが空回りしていました。やってることで自分を思う存分発揮できていないジレンマがありました。

●それがどう変化したか

一番大きかったのは蔦田さんに「アメブロを教えたらよい」と言われたことでした。それが仕事になるとは想像もしていませんでした。「できることだけど、こんなの誰でもできるし、他にもたくさんいるから、私がやらなくてもいいよね」と思っていました。

しかしそれは私の強みであり、誰でもできることではないからそれを極めた方が良いと気づきました。アドバイス通り「アメブロを教える」ということに特化してビジネスを進めたら、売り上げが10倍になりました。

作業を手放し時給脳から脱することで、価値とお金の交換という発想ができるようになりました。

睡眠時間3～4時間で踏ん張っていましたが、今は8時間くらい眠ることができています。作業を手放したら安定収入がなくなる不安もありましたが、手放すことでより大きな成果につながりました。時給的には15倍になっているのでまさにセルフイメージを変えた結果です。

できることが周りから求められていることとマッチしないとビジネスにならないということが理解で

きました。

●蔦田塾を選んで良かったと思うところ

「櫻井さんのキャッシュポイントはこれだから！この方向に進め！」とおしりをたたき続けてくれたことです。

途中でフラフラ迷ったこともありましたが、それでも見放さず「櫻井さんはこれだから！」と軌道修正をかけ続けてくれたことです。そのおかげで今は「アメブロ講師」として全国各地に行けるようになりました。

今後は法人化したこともあり、企業での講座や組織での講座が増えていけばいいなと思っています。アメブロだけでなく、SNS全般からWordPressのSEO対策まで全般的に教えられるようになりたいです。

プライベートは、娘たちもすくすくと育ち一緒に海外旅行に行けるようになりました。独身時代にバックパッカーでの旅にハマり、退職してユーラシア大陸横断の一人旅をしました。これまで訪問した場所は海外約60か国・210都市、国内40都道府県（2020年2月現在）。10年後は再びバックパッカー一人旅をしたいと思っています。

第３章

キャッシュポイントを
オンリーワンビジネスに変える６つのステップ

今いる場所で誰の何を満足させたら
成果を出せるのか？
という発想でやることです。

第３章　キャッシュポイントをオンリーワンビジネスに変える６つのステップ

それでは「幸せな女性起業家」になるためには何をすればよいのか？どんな考え方でどんな行動をすればよいのか？を具体的に書いていきます。

正しい方法を正しい順番で取り組めば、起業は成り立ちます。我流でやってはダメなんですよね。

キャッシュポイントをオンリーワンビジネスに変える手順を解説します。

〈STEP1〉起業家マインドを整える

●今いる場所で求められる人に環境を変えずに発想を変える

起業する前にやっておいてほしいこと、もっとも大切なことがあります。

それは、今いる場所で精一杯やって成果を出すということです。

起業したい！と思う女性の大半は、「今いる環境から抜け出したい」「今やってることがつまらないからもっと自分らしくできることを見つけたい」などの理由が多いのです。

しかし、環境を変えたからと言って、行動するあなたが変わっていなければ結果は変わりません。

起業はお客様を満足させることです。自分が満足することではありません。

今いる場所で、誰の何を満足させたら成果を出せるのか？という発想です。

主婦のお客様は誰だろう？
会社員のお客様は誰だろう？
パート先のお客様は誰だろう？

例えば、主婦のお客様は誰でしょう？考えたことがありますか？
主婦のお客様は「家族」です。その「家族」を満足させられて、はじめてお客様のニーズ（需要）を満たす発想ができます。

会社員のお客様は誰かというと、もちろん得意先やエンドユーザーでもあるわけですが、一番のお客様は「社長」です。お給料は社長が払っているわけですから。得意先がお給料を払っているわけではありませんよね。パートでもそれは同じです。自分にお給料を払ってくれる人を満足させるという発想が必要なのです。

今いる環境で、その考え方ができているのであれば、起業しても大丈夫です。家族や今のお客様を満足させられない人が、起業したとき、ご自身のお客様のニーズを見出し、それを満足させられるでしょうか？それは疑問ですよね。

起業とは、目の前にいる人のことを真剣に考えて、その人の悩みを解決したり、その人が喜ぶことを考え、形にして提供することなのです。

今の環境で不平不満ばかり言ってる人は起業しても成功しません。

まずは今いる環境で最大限自分を発揮して下さい。そして「その場で求められる人」になって下さい。それができてはじめて環境を変えても良いタイミングが訪れます。

今いる環境で精一杯やりながら、起業する準備をされたら良いかと思います。

とにかく、環境を変えたらうまくいくのではないか？という発想はやめましょう。環境は変えずに、発想を変える練習をしておくといいですね。

そもそも起業とは、

・うまくいかないことをうまくいかせること
・何もないところから何かを生み出すこと

ですので「無い」のが当たり前です。「できない言い訳するより、できることを探そう」です。実際に始めてみるとできないことやうまくいかないことの方が多いのです。でも数パーセントの可能性は残っています。その数パーセントの可能性に向けてチャレンジし続けることが起業家には必要です。

●インプットとアウトプット

次にインプットとアウトプットについてお伝えします。

起業とは、自分の価値観に合うビジネスをすることでもありますから、まずは自分の価値観をはっきりさせておく必要があります。

そのためにはインプットをたくさんしましょう。しかも良質なインプットです。

良質なインプットの方法は、
１　良書を読む
２　良質なセミナーを受ける

3　良質な情報をネットで見つける

まずは量をこなすことが必要です。最初からドンピシャ！なものに出会えるわけではありません。多くのものに触れてみてはじめて、「これだ！」というものが見つかります。本もたくさん読んで、セミナーも受けて、情報もたくさん探してようやく、良質なインプットに出会えることになります。


そしてインプットができてきたら、次はアウトプットの練習をしましょう。

アウトプットの方法は「スピーキング（話すこと）」と「ライティング（書くこと）」です。ビジネスにとっても、この２つのアウトプットの質が大事です。

両方ができることが望ましいですが、まずは得意な方から始めてみましょう。

女性はおしゃべりが好きなので「スピーキング」から入りやすいという方が多いかもしれませんね。「ライティング」は、ＳＮＳで何か書くことも始めてみましょう。

〈STEP2〉自分を知る

起業するためにはまずは自分を知ることからです。自分が理想としているライフスタイル、幸せな状態、大切にしている価値観等々。

本来の自分が求めている幸せな状態を実現するために起業するのであって、起業するために、本来の自分を抑えていたのでは本末転倒です。

そして自分を知ることと自分探しを混同しないことです。

●自分探しの迷路にはまる人の特徴

自分探しは、悪いことではありませんが、自分で答えを見つけるのはかなり困難です。

自分のことは自分が一番わからないと言いますよね。

探しても探しても見つからないので、占いや心理テスト、自己啓発と、自分のことを何かに解決してもらおうという傾向がみられます。

簡単に外の世界で解決しようとしても、それは一時的な安心を得るだけで、自分のことを直視していません。

そういう人の心理的特徴は「もっと素晴らしい自分がどこかにいるはず」です。

しかし、外の世界に向けば向くほど、本来の自分を見失ってしまって、自分がわからず、ふわふわと生きている人はたくさんいます。

外に探しに行くということは、今ここにいる自分は自分ではないということですよね。

自分探しではなくて自分を知ることから始めましょう。

自分を客観視して今の自分を知るしかないのです。

私たちは、自分の顔を自分で見ることはできません。自分の顔を見るためには、鏡に映さないと見えませんね。しかし人の顔は見ることができます。他人のことがよく見えて自分のことはよくわからないのです。


自分を知る方法はたくさんありますが、1つは外に対してどんな世界を映し出しているのか？を知ることです。自分だけで自分を知ることはできないのです。

自分の価値観、自分の現在の状態・環境を客観視し、自分がどんなときに、どんな考え方をするのか？自分の感情がどんなときに動くのか？などを、つぶさに観察するのです。

途方もない作業ですが、それが私たちの一生の課題でもあると思っています。

自分を知っている分しか、他者を知ることはできないのです。

●「自分を知るシート」を作成する。

自分を知るワークを1つご紹介します。

まず、「自分を知るシート」に次の事を書いてください。
①何を大切にして生きているのか？
②何をどうしたくて今ここにいるのか？
③人生のやりたいこと（最低30個）

ひとつひとつは簡単なようですが、実は奥深いことなので、自分との対話が必要となります。

誰かに見せるわけではないので、時間を取って心からの本音を書いて下さい。

そして書いたものを深堀していきます。自分で深堀する方法は「なんでなんでタイム」です。
○○と書いたのはなんで？
そしてその答えに、また「なんで？」と聞いていきます。

信頼のおける人にやってもらうのもありですね。

自分を知るシート

ひとつひとつ時間を取って心からの本音を書いてください。
そして書いたものを深堀します。「○○と書いたのはなんで？」
そしてその答えに、また「なんで？」「なんで？」と聞いていきましょう。

① 何を大切にして生きているのか？
↑と書いたのはなんで？
↑と書いたのはなんで？

② 何をどうしたくて今ここにいるのか？
↑と書いたのはなんで？
↑と書いたのはなんで？

③ 人生のやりたいこと（最低 30 個）

↑と書いたのはなんで？

↑と書いたのはなんで？

自分自身の価値観を書き出し、自問自答することで深い部分の本音が出てきます。
それが自分を知る作業なのです。
価値観がはっきりすることで、
・幸せを感じやすくなる
・人生の選択技で迷わない
・強く生きられる
・後悔しない
・不安がなくなる
・自分を知ることができる
・どう生きたいかがわかる
と、ブレない自分ができ上がります。

●「起業じゃないとダメ！」な理由はありますか？

起業って、カンタンでもあり、難しくもあり、とても奥深いものなのです。

正しい方法を、正しい順番で継続すれば、誰でも起業はできます。ただ、正しい方法とは？正しい順番とは？と聞かれたら、答えられる人は少ないです。

しかも、起業でないとダメ！という明確な理由がないと、起業しても続きません。

「起業したい理由は何ですか？」その答えは明確になっていますか？

・周りを幸せにしたい
・世の中の役に立ちたい
・困っている人を助けたい

もちろん、それらも理由になりますね。

・自分で使うお金は自分で稼ぎたい
・自由になるお金が欲しい
・夫のお給料ではやりたいことができない

そんな理由も、ごもっともです。


「それらは起業でなければできないことですか？」という質問に対しては、どうでしょう？

地域活動や、ＰＴＡ活動ではできませんか？

パートやアルバイトでも、お金は得られますよ。しかも、扶養という守られた立場で。

もっともっと、あなたを突き動かす理由が、あるはずです。

起業でなければならない理由、それがないと起業しても成功はしません。

これしかない！と思うから、うまくいくように努力するし、そのことばかり考えるのではないですか？


恋愛も一緒です。この人しかいない！と思うから、一途になれるんです。この人もいいかな？あの人もいいかな？では、恋愛も成就しません。それと同じですよね。

起業に興味はあるけれど、その理由がぼんやりしている人は、自分を掘り下げることからやってみましょう。

●「こんなのできますリスト」を作成する。
まずは自分の棚卸しをやってみましょう。

起業で成功するには、自分がどんなことができるのか?を知ることからです。

「こんなのできますリスト」に書き込んで下さい。

書き込む内容は、
・得意なこと

・経験があること
・お金をかけてきたこと（趣味・学び）
・褒められたこと
・普通にできること（自分では大したことだと思っていないこと）

という視点です。合計で10個は書き出しましょう。

書き方のコツは、「こんなのやりたいです！こんなの好きです！」ではなくて「自分を客観的にみて書く」です。

こんな些細な事を「こんなのできますリスト」に書いていいの？とか、自分自身でジャッジを入れず、ただあるがままの自分を見て下さい。

その視点をトレーニングすることが「幸せな女性起業家」への一歩目です。

あまり数を書けないという方は、親や友達など周りの人に聞いてみましょう。

そして書き出したものを、得意・できる・経験がある・長年やってきた、などから判断し、できる確率が高いであろう順番に並べてみましょう。

そのときに、好きとか自信がないとか、自分の感情は入れないことです。あくまでも客観的に経験したこと、現実の自分を見て下さい。

こんなのできますリスト

過去の実績・経験・スキルなどから、得意・できる・経験がある・長年やってきた、などから判断し、できる確率が高いであろう順番に並べてみましょう。10 個以上は書いてみましょう。

1.
2.
3.
4.
5.
6.
7.
8.
9.
10.

こんなのできますリストの例

＜Aさん＞

1.	感覚でパパッとFB投稿やブログ記事投稿ができます.
2.	SNSならいつまででもやれます。
3.	気づかれずに写真が撮れます。
4.	先生のお手伝いとか超得意です。
5.	レポ記事が好評です。
6.	いいね!やプチコメントは反射的にできます。
7.	長い文章もつくれます(タイピングも速い)。
8.	断片的なものをつなぎ合わせるのが得意です。

＜Bさん＞

1.	タイピング早いです。
2.	度胸あります。
3.	最後までやり抜くことが出来ます。
4.	必要に応じて手放すことも出来ます。
5.	行動に移すの早いです。
6.	力仕事もこなせます。
7.	家電の接続やっちゃいます。
8.	家族四人の引越し荷物を一人で作ること可能です。

＜Cさん＞

1.	人の話を、口を挟まずに、最後まで聴くことができます。
2.	人の話を、相手が話した通りに理解することが得意です。
3.	することが決まっていれば、同じ作業を繰り返すことは苦になりません。
4.	1人でどこにでも行けます。
5.	2～3分程度の短いプロモーション動画を作成。
6.	youtubeへのアップによって、グーグル検索の上位につけることができます。
7.	自分の趣味で仲間を引きずり込んだ後、さらにネットやSNSで拡散して仲間を増やします。
8.	和髪の結い方を人に教えることができます。

※みなさんも同じように書き出して下さい。10個以上は書きましょう。

〈STEP3〉 相手を知る

自分を知るワーク「こんなのできますリスト」ができたら、次は、相手を知っていきましょう。

ここで言う相手とは、お客様になるであろう人たちのことです。

まだ何をやるかがはっきりしていない人もいるでしょうし、こんなことやりたいなとか、これをやる！と決まっている方も、「相手を知る」をしなければ、ビジネスは成り立ちません。

なぜならばビジネスは価値とお金の交換だからです。何を提供したとしても、それを欲しい！と思う人がいないとビジネスは成り立ちません。周りの人たちは何に興味を示し、何に関心があり、何に価値を見出し、何にお金を払っているのか？をリサーチしてみましょう。

よくある失敗のパターンが、「売りたいものを売る」から始めることです。「売りたいもの＝周りのニーズがあるもの」だと良いのですが、それはたまたま当たっただけであって、リサーチを怠ると、自己満足だけの売れない商品・サービスを作り続けるだけで、全く売り上げが上がらないという事態に陥ります。

●リサーチのコツ
・人が関心を持っているものは何か？
・人が喜ぶことは何か？
・時代はどのように流れているか？

リサーチの方法で一番確実で正しい答えが得られるのは、「人に直接聞く」ということです。すでにお客様がいらっしゃる方は「自分の商品を買ってくれた理由」を聞いてみましょう。

以前コンサルさせていただいた美容サロンがお客様に「なぜ当サロンを選んで下さったのですか？」とリサーチしたところ「駅から近い」、「雰囲気がよさそう」、「施術者さんの顔が好き」と想像していなかった答えが多くてびっくりされていました。

提供者、とくに専門家は技術や知識で選んで欲しいと思いますよね。でも実際はそうではないとリサーチで知れば、選ばれている理由がわかり、それをより強調することでさらに選ばれるという良い循環が起きます。

まだお客様がいらっしゃらない方は「自分が幸せにしたい人はどんな人？」とある程度絞って、

その人たちが何を求めているかをまんべんなくリサーチするといいですね。友達の会話の中で、さりげなく聞いてみましょう。

本屋さんでもネットでも、何が人気でどんな情報が求められているかをリサーチしてみましょう。最近は本当に世の中の動きが早くて、1年前にニーズがあったことが、今は全く他のものに変わってしまっています。自分が提供するものは時代の変化についていけるのか?ということも併せてリサーチの幅を広げてみましょう。

そしてリサーチシートを完成しましょう。作り方は簡単です。

ニーズがあったことを書き出して、多い順番からならべるだけです。そこに主観は入れずに、数字だけで判断して下さい。特に女性は数字だけで判断することが苦手な傾向があるので「数字と感情は切り離す」を念頭に取り組んでみてくださいね。

ここまでが相手を知るということです。

リサーチシート

お客さんが自分を選んでくれた理由、人の関心ごと、喜ぶこと、時代の流れなどをリサーチして、多いものから順に 10 個書いていきましょう。10 個なくても大丈夫です。

1.
2.
3.
4.
5.
6.
7.
8.
9.
10.

〈STEP 4〉 マッチングした商品サービスを作る

それではいよいよ商品・サービスを作っていきます。

ほとんどの人が「まずは何を売ろう」と、商品・サービス作りから始めますが、その順番はうまくいかないパターンが多いのです。自分が良いから人も良いと思って買ってくれるだろうとか、自分がこのサービスを利用することでとても役立ったから、これを売りたい、広めたいという、自分主導型では売り上げは上がりにくいのです。自分ができることと周りのニーズをマッチングさせた商品・サービスを作ることが肝心です。

それでは、マッチングの方法を順番に説明していきます。

ＳＴＥＰ２で作った「こんなのできますリスト」とＳＴＥＰ３で作った「リサーチシート」を用意して、マッチングシートに転記しましょう（P65）。

それができたらリサーチシートの結果の一番目にマッチングするものを、こんなのできますリストの上位から順番に選んでいきます（P66）。そしてマッチングしたものから順番に商品・サービスを作りましょう（P67）。

ここではとにかく数を作ることです。売れるか?売れないか?は考えずに、リサーチをしてニーズがあるものと自分ができることがマッチングしている商品・サービスを作りましょう。

マッチングシート

左に「リサーチシート」の結果をそのまま書きます。
右に「こんなのできますリスト」をそのまま書きます。

■ リサーチシートの結果	■ こんなのできますリスト
1.	1.
2.	2.
3.	3.
4.	4.
5.	5.
6.	6.
7.	7.
8.	8.
9.	9.
10.	10.

マッチングするものを書き出しましょう

マーケティングリサーチの数の多いものから順番に、こんなのできますリストと、合致するものを選びだしましょう。

1 とマッチするもの　（例）1と5と8
2 とマッチするもの
3 とマッチするもの
4 とマッチするもの
5 とマッチするもの
6 とマッチするもの
7 とマッチするもの
8 とマッチするもの
9 とマッチするもの
10 とマッチするもの

マッチングしたものを商品・サービス化しましょう

この段階では売れる・売れないは考えずに、商品・サービスをたくさん作ることを優先にしましょう。10 個以上作りましょう。

ネーミング・価格・提供時間などを考えましょう。

1.
2.
3.
4.
5.
6.
7.
8.
9.
10.

●商品・サービスのネーミングのコツ

マッチングしたものを商品・サービス化するためには、ネーミングが必要です。ネーミングも最初は凝らなくてもかまいません。

ネーミングの3つのコツは、

1　誰に向けたものなのか？

「みなさんにおススメです」では、誰の心にも響きません。

「こんな人におススメです」とターゲットを絞ることで、「あ、これ私のこと？」と関心を持ってもらえます。

2　どんな価値・結果を提供できるのか？

3　どんな方法を用いているのか？

特に形のないサービスは、この3つが決め手となります。

女性向けのサービスであれば、音感ワード（擬音語・擬態語）を入れたり、イメージしやすい言葉を使うと効果的です。

実績や人気があることを打ち出したり、限定性・特別感・安心感・憧れ感を含ませたりと、より女性が反応しやすいネーミングをすることが望ましいです。

売れる商品・サービスのネーミング例

1. 誰に向けて？
2. どんな価値結果を提供できるのか？
3. どんな方法を用いているのか？

を明確に言語化しましょう。

＜例１＞

〜何をやっても痩せられなかったあなたのために〜
３ヵ月でマイナス 5kg を実現！
業界 20 年の経験で生み出した
「オールハンドダイエット施術」　90 分　15,000 円

＜例２＞

もう占いジプシーはやめませんか？
誕生日から作り出す「あなたのオリジナル年表」
１鑑定　30 分　5,000 円

＜例３＞

今の働き方にモヤモヤしている女性のための、
幸せと成功の両方が手に入る働き方が学べる
「幸せな女性起業家ビジネスセミナー」
２時間　11,000 円

●価格の決め方

一番悩むことが「価格」です。

私は「まずは相場の価格をつけてみましょう」とお伝えしています。

商品・サービスにはそれぞれ相場価格があります。エステなら60分いくらとか、セラピーだと90分いくらとか。その相場価格をリサーチして一度値決めをします。

経験が浅く、お客さんに喜んでもらう自信がない等の理由でその金額に抵抗があるのであれば、金額を下げてみましょう。この金額なら抵抗なく受け取れると思える価格から始めて下さい。抵抗のある価格から始めると「お客さんに来て欲しいけれど、来ても困る」というややこしい心理状態が働き、お客さんを遠ざけてしまうことになります。最初は受け取れる額からスタートします。

●利益が出る商品・サービスを作りましょう

ビジネスに「赤字」はNGです。1円でもいいので利益を出しましょう。

売上と利益を混同しないようにして下さい。商品・サービスの利益はいくらあるのか?をしっかり計算しましょう。女性はどちらかというと数字が苦手なので、ここをしっかりとおさえておくべきです。

＜利益の計算の仕方＞

①売上
－②仕入れ（原価）
－③経費
＝④利益

①売上とはお客さんからいただく金額のことです。
②仕入れ（原価）とは、物販であれば商品の仕入れ価格です。
飲食やハンドメイドなら、材料費です。
いわゆる原価なので、そもそも原価率が高い商品は利益が低くなります。原価率を決めてそれ以上の価格設定をしましょう。
③経費とは、販売費および一般管理費といわれるものです。
オフィスや店舗の家賃、水道光熱費、移動するための旅費交通費、ノート、ペンなどの消耗品費、携帯電話やＷｉ・Ｆｉなどの通信費、打ち合わせ時の飲食費、
等々、ビジネスをする上で発生する経費は意外と大きいのです。

なるべく原価や経費を抑えて、利益率をあげるということが、ビジネスでは重要です。原価がかからないビジネスから始めると、リスクも最小限に抑えることができます。

〈STEP5〉知ってもらって興味を持ってもらう

商品・サービスができ上がったところで、いよいよお披露目です。

まずは知ってもらうことから始めましょう。どれだけ良い商品・サービスを作ったところで、知られなければ始まりません。みなさんの商品・サービスを宣伝していきましょう。

この段階では、まだ売ることは意識しなくてもかまいません。

自分と自分の商品・サービスを知ってもらうことを徹底します。

なぜなら、いきなりお客様は来ないからです。

① 知ってもらう
② 興味を持ってもらう
③ 試す・体験してもら
④ 買ってもらう

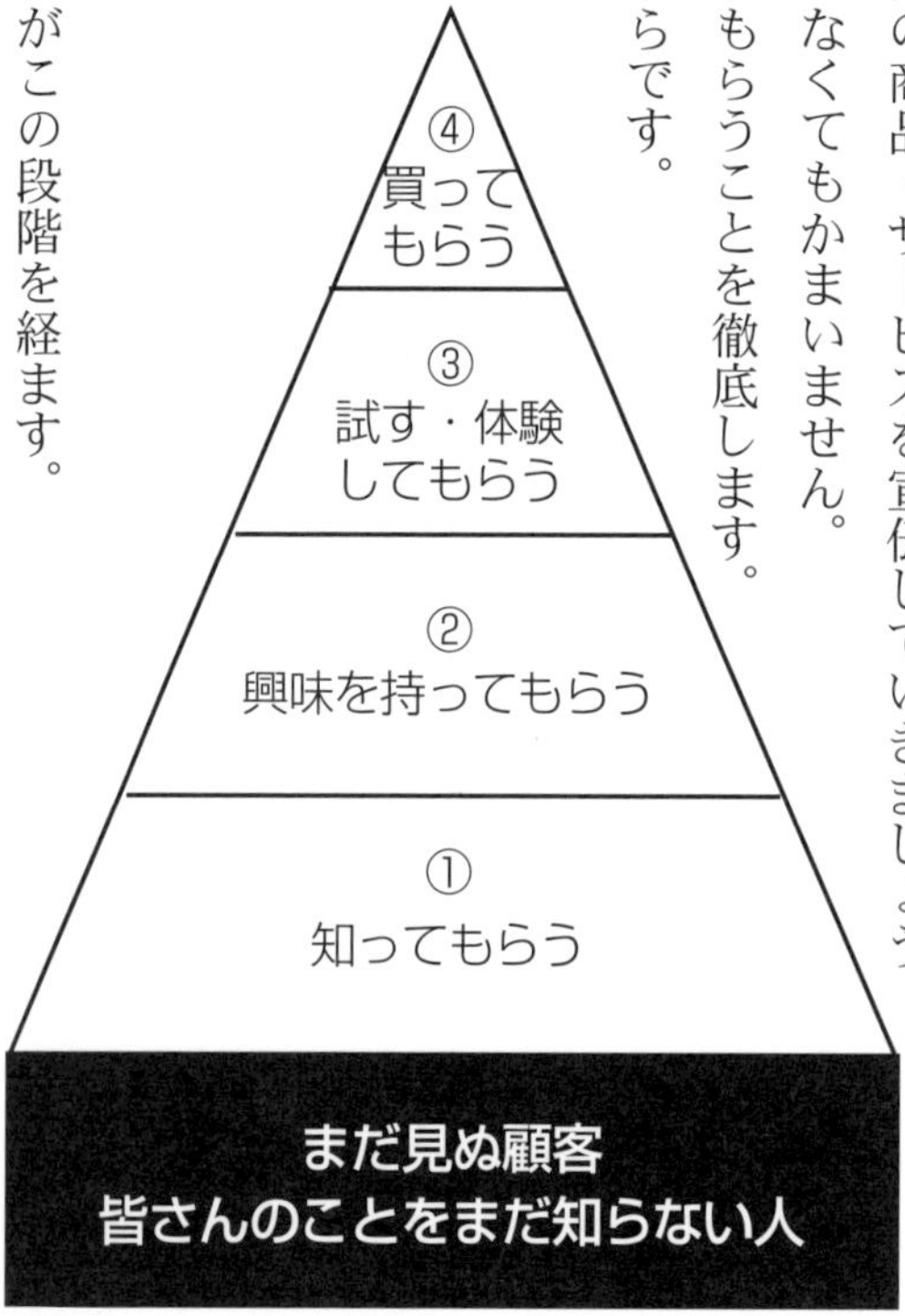

世の中にあるすべての商品・サービスがこの段階を経ます。

そして買ってくれた人が、リピーターになったり、口コミが起きるのが理想的です。お客様は待っていても来てくれません。しかも知らないあなたのところにくるはずがありません。積極的に知ってもらう行動をする必要があります。

●知ってもらう方法

【リアル】

広告・折込チラシ・ＦＡＸＤＭ・展示会・体験会・異業交流会などがあります。

広告系はどれもコストがかかります。開業資金が有り余っている方以外はおススメしません。

リアルで会える場所も吟味して参加しましょう。どんな人がどんな目的で集まっているのか？主催者はどんな人なのか？などよく調べて参加して下さい。多人数の集まりに「たくさん名刺配るぞ！」と張り切って出かけたのに、逆に勧誘されてしまったということにならないように。場所と人をしっかり選んで参加すると新しい出会いや、自分の商品・サービスに興味を持ってくれる人に出会うことができますので、積極的に出かけて自分が歩く広告塔になりましょう。

【ネット】

ホームページ、ブログ、Ｆａｃｅｂｏｏｋ・Ｔｗｉｔｔｅｒ・Ｉｎｓｔａｇｒａｍなどの

ＳＮＳ、メルマガ、ＬＩＮＥなど、様々なツールがあります。

ネットの威力は計り知れないので使わない手はありません。しかし使い方を間違うと全く結果につながりません。

様々なツールも使い方次第では効果を出すことができますので、それぞれに応じた使い方を研究してみましょう。

〈STEP6〉売ってみよう

さあ、いよいよ売っていきましょう。

でも、その前に「テストマーケティング」です。正しい方法を正しい順番で作った商品・サービスであったとしても、マーケットに出さないと売れるかどうかわかりません。実際にお客様に使ってもらったり、体験してもらったりすることで、改善できるところも見つかります。

いきなり正規で売る前に「テストマーケティング」をおすすめします。

「何を売るか?」を決めましょう。マッチングさせて作った商品・サービスの中から、自分でも自信があり、周りのニーズがあるものから売ることが肝心です。

●テストマーケティングの方法

①少人数の知り合いにテストマーケティングする

商品・サービスが良いかどうかの意見を聞いたり、体験者の声をもらったり、正規で売る前の準備も含みます。そして忌憚のない意見を聞いて、改善して正規の販売に繋げていきます。

②市場に出して実際に売れるかどうかを試した結果から改善をしたら、次は正規で販売しながらのテストマーケティングになります。このときは「テストマーケティングですよ」とも言わず、正規の価格で出します。

セールスを開始して売れるかどうか?を実際に計測してみましょう。数字で出すことが肝心です。最初に「これくらい売ろう」という売上目標を作ります。そしてあらゆる営業方法を使って売ります。リアルでできること、ネットでできること、思いつくことはすべてやりましょう。売る期間もいつまでと決めた方がいいですね。そして実際にどれだけ売れたのかを計測します。目標の8割売れたのならOKです。今後も積極的に売っていきましょう。2割以下だと保留です。つまり売れないということですから売りません。

3割～7割の場合は、商品・サービスの見直しをして、再び売ってみましょう。すると同じように8割、3割～7割、2割以下という結果が出ますね。同様に仕分けしていって下さい。3回

テストマーケティングの方法

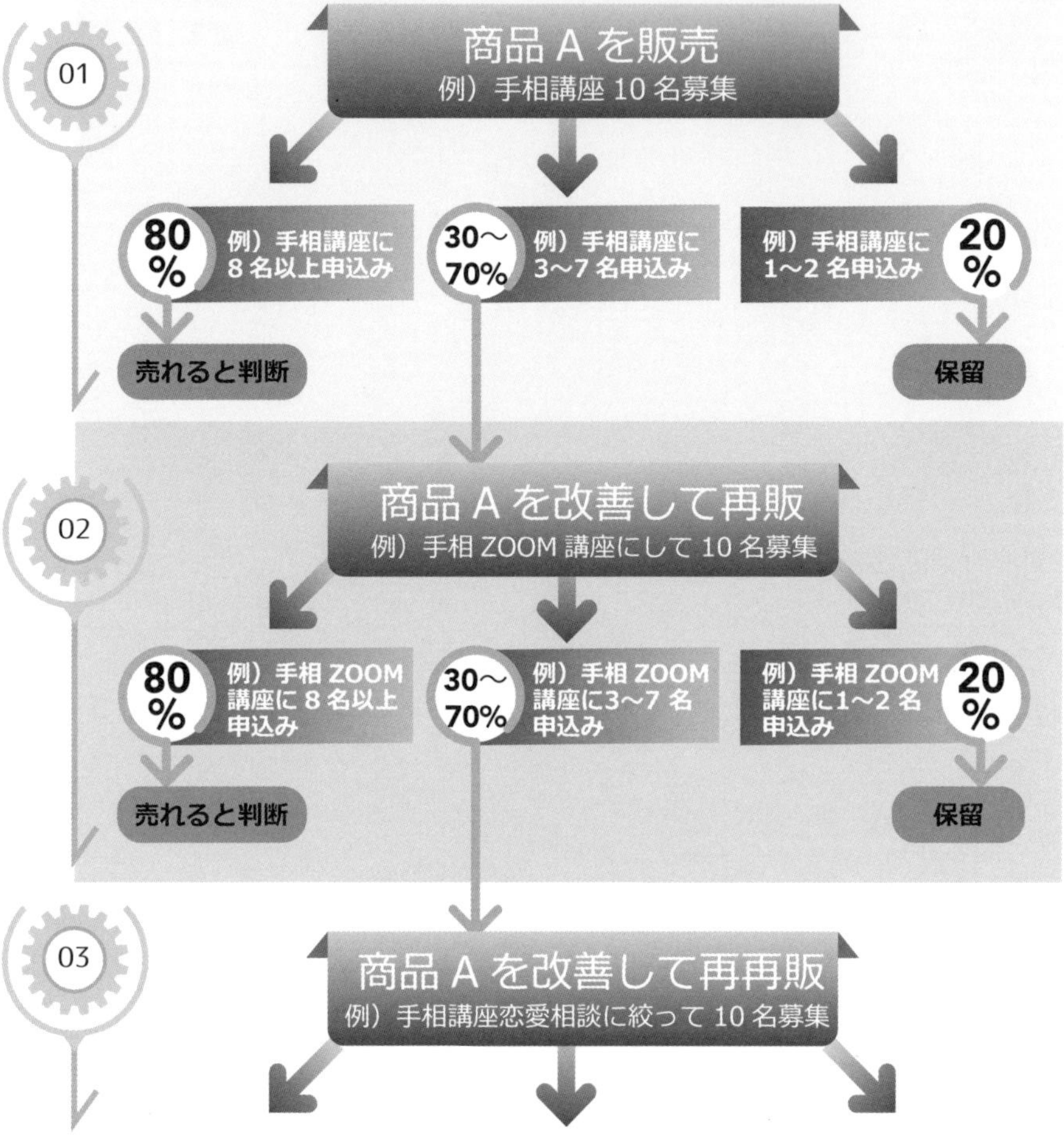

改善して再販を 3 回しても 80%以上にならなければ、保留にします。
10 個の商品・サービスでテストマーケティングして、売れるものが 2 つできればビジネスは成功したと言えます。
売る時期は商品によって異なりますので、プランを立てて実行してみましょう。

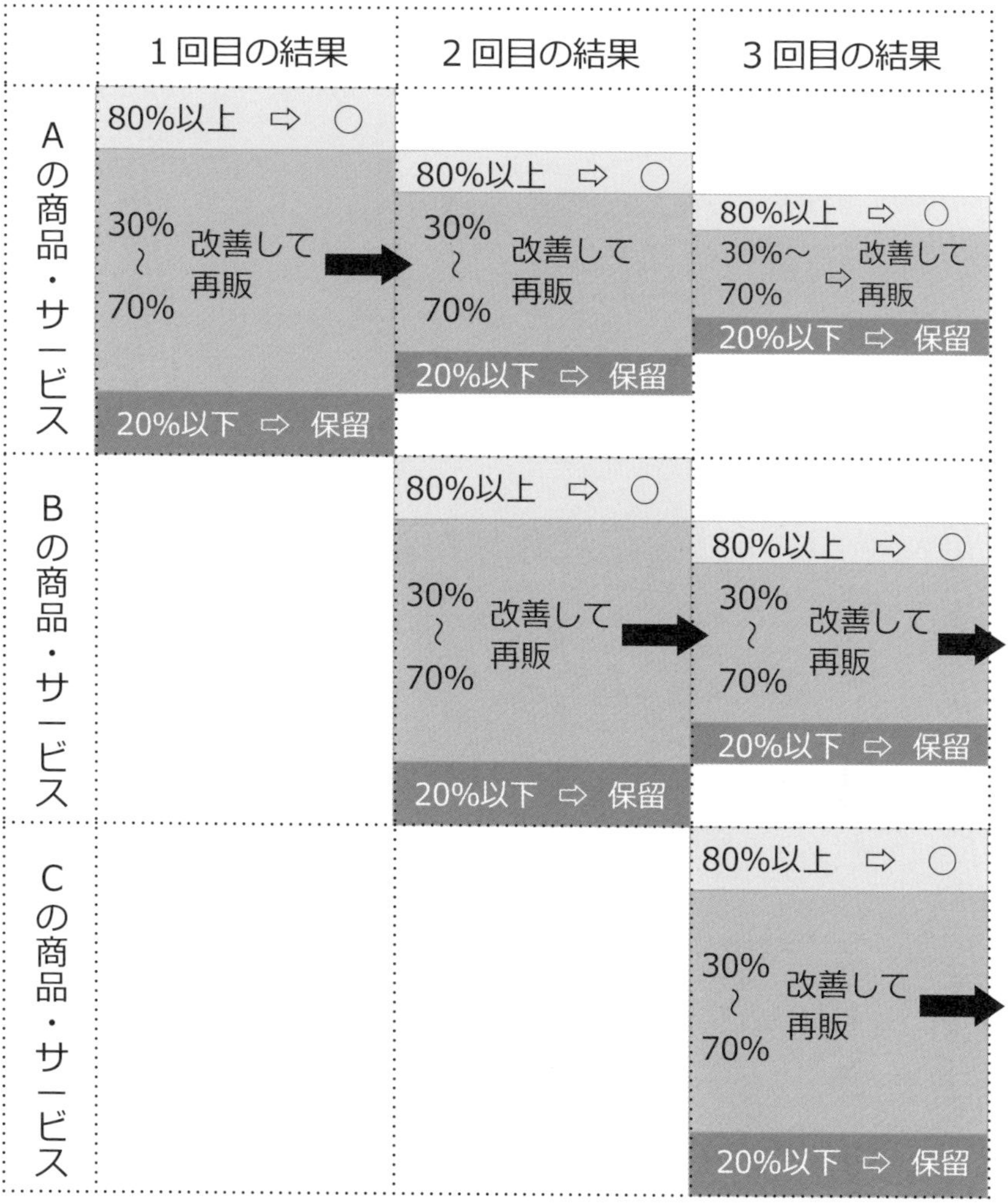

商品Ａをテストマーケティングし、１回目の結果が出た頃に商品Ｂの１回目のテストマーケティングを行います。
それぞれの商品は全く関連のない商品でかまいません。

改善しても8割を超えなかった場合は売れないと判断して保留にしましょう。

テストマーケティングをすることで、開発した商品・サービスが、どれだけ求められているかを知る機会になります。

ここで肝心なのは、売れないものをどうしたら売れるようになるか?と考えないことです。売れないものはどうしたって売れないですから。

それよりも、ヒアリングした結果と自分ができることをマッチングさせて、新しい商品・サービスを開発して、テストマーケティングを繰り返しながら、売れ筋を作っていくことの方が大事です。

自分の思い入れがある商品・サービスが売れないときはショックですが、お客様がそう判断したわけですから潔く引きましょう。そしてまた新たな商品・サービスを開発し続けるのです。

この章の6つのステップを何度も何度も実践してください。

大事なことは「売りたいものを売らない」です。

ビジネスに慣れてくると、「これ売りたい!これやりたい!」から始めてしまいます。たまたまそれが周りのニーズと合っていたら売れますが、一人よがりの発想では売れないことの方が多いのです。

ビジネスは自分の思いを横に置いて、売上を作らなければいけないのが現実です。かといって嫌いなことはやらないで下さいね。

ここで言いたいことは「あなたの思いだけでは売れない」ということ、そして「周りのニーズがなければ売れない」ということ。これを忘れてしまった人々が、今までにもたくさんいました。やりたいことばかりやってしまって、売れないことを繰り返してビジネスを辞めてしまうのです。

私が18年間ビジネスを続けて来られたのは、基本に忠実にこの６つのステップを繰り返し繰り返しやっているからです。

そしてこの順番で作った商品・サービスがキャッシュポイントとなりオンリーワンビジネスと成長してゆくのです。

うまくいかないなというとき、思うような結果が出ないときは、この６つステップの基本に戻って下さい。

第４章

幸せな女性起業家になるために大切な５つのこと

努力すればなりたい自分になれる、
目標は叶う、は実は間違いで、
できること、強みをどう生かすか？

第４章　幸せな女性起業家になるために大切な５つのこと

①常に起業家目線を意識する

私たちは日常を生きていると90％は消費者目線です。いうなればサービスを受ける側です。

電車に乗っても、コンビニやスーパーで買い物しても、カフェに行っても、サービスを受ける側です。

起業とは、サービスを提供する側ですから、日常でもサービスを提供する側の目線を持ってみましょう。

たとえば、パンケーキが有名なお店に食べに行ったとしましょう。

消費者目線は「美味しい〜！」「インテリアも素敵なお店ね〜」「店員さんも感じ良いし、また来たいわ！」です。

逆に起業家目線は、テーブル数に対してどれだけ埋まってるか、客単価はいくらか、店員さんは何人か、そのお店の家賃はいくらくらいだろう、商品の原価率はどれくらいだろう、お客さんは何を見てお店にくるのかな、です。

電車に乗っても、ただボーッと乗っているだけでなく、吊り広告には何が書かれているか、どんな業種の広告が多いか、に注目しましょう。

広告を出せるということは、それだけ経費が使えるということです。ということは儲かっている業界だと言えますね。今どの業界が儲かっているかは、町中の広告に注目すると読み取れます。

本屋さんは世の中のトレンドがぎゅっと詰まっています。雑誌の表書きをざっと見渡すだけでも、世の中の人が何に注目しているのか、どんな情報を欲しがっているのかがわかります。

起業家目線で日常を過ごすことで、サービスを提供する側の思考に変えていきましょう。

②お金をかけずに小さく生んで大きく育てる

男性的な起業スタイルは、事業計画書を書き、融資を受け、まずは事務所を構えて、商品を仕入れて、設備投資をする等、大きな形から入る場合が多いです。

うまくいくかわからないものに対して最初から投資をするやり方は女性には合いません。子育てと同じように、小さく生んで大きく育てる「身の丈起業」が合っています。

「身の丈起業」とは、今までやってきた経験や知識を生かして、できることから始めるということです。まったく異業種にチャレンジするのも良いですが、今までの経験を生かした方が感覚的にもつかみやすいです。ハイリスク・ハイリターンではなくて、ローリスク・ローリターンで安全に進めていきましょう。

目指す金額が大きければ良いのではなくて、本当に今の自分と、ちょっと先の将来に必要な額を、手堅く継続的に手に入れるためのビジネス構築が大事です。

自分で売り上げを生み出したことがない人は、まずは1万円稼ぐことを考えましょう。今の自分で「1万円」どうやったら稼げるか？

それができたら、5万～10万円を稼ぐには同じことを5倍10倍すればできます。それから30万円まで、同じことを繰り返し継続すればたどり着けます。

雇われて手にする1万円は、時間と労力との交換です。ビジネスは価値とお金の交換ですから、あなたの価値を見出すことです。

私には何もないと思っている人は資格を取って手に職をつけようとしますが、今持っているもので、お金と交換することをやってみましょう。

③好きなこと、やりたいことからスタートしない

「好きな仕事で起業する」ことは、よくもあり悪くもあります。

「社会のニーズがあるから、求められるから、存在意義がある」という必要十分条件を満たしていないと、ビジネスとしては成立しないからです。

逆にいえば、自分の好きなことや、やりたいことがわからなくても、社会に求められていることがわかっていて、それに応えられる人、そこに応えることを幸せだと感じられる人のほうが、ビジネスは上手くいく可能性が高いと言えます。

女性は主観が強いのがメリットでもありデメリットでもあるのです。

私の蔦田塾でよくお話する「コーヒーいりますか、いりませんか」の例え話があります。

自分がとても気に入っているコーヒーを周りの人に薦めたいと押し売りする人がいるのです。

「すごくおいしいコーヒーがあるから飲んでみない？絶対いいと思うから」と自分が良いと思うものを周りにいいよ、と言ってしまいます。

しかし、コーヒーは苦手とか、今はコーヒーを飲みたくないという人が周りに多ければ、いくらおいしいコーヒーでも飲んでもらえません。

「今は結構です」と言われているにも関わらず、思い入れが強すぎて「このコーヒーの豆はブルーマウンテンといって、とても高級なんですよ」とか「焙煎方法にこだわってすごく香りがいいんですよ」とか、ガンガン薦めてしまう人がいます。そういう方法は嫌われますよね。

反対に周りの人に「何が飲みたいですか？」と一人ひとりオーダーを取って、コーヒーが飲みたい人にはコーヒーを、紅茶が飲みたい人には紅茶を、お水が飲みたい人にはお水を、それぞれ渡せばいいだけのことです。

それがビジネスの基本です。

ただ好きなことであればあるほど思い入れが強くなって「ぜひ飲んでみて！」と言いがちです。

ビジネスは周りのニーズがないと成り立たないということを肝に銘じておきましょう。

④現在の自分ができることからスタートする

なりたい理想の自分を思い描き、それに向かうには「自分は今は何をするべきか？」という方法も間違いではないですが、今ないものを追いかけるよりも、今できることから始めましょう。

それをやっていくうちに、
・やりたいことができていた
・理念ができ上がっていた
・世の中を変えていた
となっていきます。

経験がないから、知識がないから、もっと上には上がいるから、やったことがないから…、の無い無いづくしの思考は捨てましょう。

私たちは何ものにも囚われていない純真無垢で無限の可能性を持って生まれてきています。しかし親の価値観、そして学校教育、社会の価値観で、誰でも条件付けをされてしまっています。特に学校教育は90点とっても褒められず、１００点を目指せと言われますし、苦手な科目を頑張れと言われます。常に不足している自分だから、頑張らねばならないと教え込まれます。そして「１００点じゃない自分はダメだ。」と頑張り続けます。

基本の考え方が「足らない自分」なので、いくらやっても頑張っても、満足できないのです。「頑張るとはこういうことだ！」とおかしな思い込みで、頑張って頑張ってやり続けたらできてしまうこともあります。

そこで達成感を感じてしまったら、それが成果を出す方法なんだという勘違いが始まります。それを続けることで、成果が出せたとしても違和感ばかり。

・次々と何か新しいものを生み出さないといけない
・次々と新規顧客開拓しないといけない
・来年度にはこうなりたいから、今もっともっと頑張らないといけない

など、ずっと焦燥感がつきまとい、結局続けられなくなりますね。

そうなる前に、足らない自分で始めない、頑張り方を間違えないと気づいて欲しいのです。

⑤自分の強みを知って生かす

・才能もスキルもない
・過去に誇れるものもない
・何の取り柄もない…

こんな人は「スキルや資格を身につけなくては！」と資格講座に通ったり、何かの技術を習ったりします。

資格を取ったから、技術を身につけたからといって起業できるわけではありません。それをどう人のお役に立てるか？と考えることです。

そして自分には何もないと思っている人にも、絶対に何かはあります。少なくとも成人している人ならば、何かしら経験を積んでいるだろうし、何かしらの知識は身についているはずなのです。

まずは自分を知ることから始めましょう。

自分を観察したり、分析したり、人に聞いたりしながら「ふーん、私ってこんな人なんだ」というように、客観的に見てみましょう。

自分がわかれば、自分をどう生かすか？と考えていくだけです。自分探しよりも自分を知ることが大切です。

まずはプラスに目を向けましょう。どうしてもマイナス面に目を向けがちですが、できることや得意なことに目を向ける視点を身につけましょう。

できないことや弱点を頑張って伸ばそうするより、できることや長所を伸ばす方にエネルギーを注いだ方が何倍もの成果や成長を手にすることができます。

「努力すればなりたい自分になれる」「目標は叶う」というのは、実は間違いで、今の自分をどう生かすか？です。

努力の方法や方向性を間違うと泥沼の努力をしてしまいます。同じ努力なら楽しく努力をしたいですよね。

強みについては、様々な概念がありますが、私は「その人が生まれ持った資質と才能」、つまり「そもそもうまくいくこと」と定義つけています。

しかし自分の強みに注目し、活かせている人は少ないです。多くの人は、弱みを克服することに時間を使います。

かの有名な経営コンサルタントの船井幸雄先生も、「長所伸展法」を説いておられます。

《長所伸展法：よいところ、得意なこと、上手にできることを伸ばしていく方法。長所を伸ばしていけば、短所は自然に消えていく（船井幸雄）》

そして強みを見つけて、自分自身やまわりの人たちに説明できるように「言語化」する必要があります。

その助けになるのが『さあ、才能に目覚めよう』の中の「ストレングスファインダー」というツールです。これを使ってあなたの強み「トップ5」を見つけることもできます。

《ストレングスファインダー®：アメリカのギャラップ社が開発した、人の「強みの元＝才能」を見つけ出すツール》

強みはどんどん使って伸ばし、弱みはそれが強みの人に任せれば、自分の良いところだけを伸ばせます。

そうすることで、生産性も上がるし、個々の良さを生かすチームができ上がります。

第５章

実は女性の方が起業に
向いている７つの理由

女性は現実的に物事を考えます。
損得勘定に長けていることも
そのひとつです。
起業は損得勘定がなければ
ボランティアになります。

第5章　実は女性の方が起業に向いている7つの理由

女性の特性をビジネスに生かせば実は男性より起業に向いているのです。

女性の一番の特性は、自分たちの利益よりも、顧客ファーストで考えられることです。本章では女性がいかに向いているかを明確にしていきます。

①主婦力を起業に活かすことができる

今まで家事に活かしていた主婦力を起業に活かすと優秀な起業家になれます。主婦業で得意なことを書き出しましょう。ニーズがあることですからそれを仕事にすると難なく起業できます。

主婦の1日は慌ただしく忙しいです。やらなければいけないことが山積み。それをテキパキと片付けられるのは、主婦ならでは。

そこに起業も加えると同様にテキパキとできるのでうまくいくはずです。主婦の仕事である家事と同じポジションで起業の仕事も入れると、無理なく両立できますね。

主婦業で得意なことを書き出しましょう。

主婦業で得意なこと
・
・
・
・
・
・
・
・
・
・
＜例＞ ・水周りの掃除が得意 ・子どもの学校のプリント整理が得意 ・冷蔵庫にあるものでちゃちゃっと料理が作れる

しかも、女性は突発的なことに強いのです。

子どもが怪我をした、熱を出した、忘れ物をした、夫の口座に急にお金を振り込まないといけない、などなど、日常茶飯事に突発的なことは起こります。それをすべて処理する能力は素晴らしく、臨機応変に対応できるクセがついてることは、起業には有利なのです。

主婦は家族の生活を支えるために、日々やりくりを考えていかに価格と品質が合ったものを手に入れるかを試行錯誤しています。安くて良いものを手に入れることができたときはすこぶる嬉しいです。消費者目線を持っているということは、サービスを提供する側に回ると大きな武器になります。※主婦ではない方は、今の職場や家族の中で考えてみましょう。

②コミュニケーション力に優れていて、コミュニティを作りやすい

総じて女性は、初対面の人とも共通の話題を見つけて同じ目線で話ができるので、すぐ友達になることができます。

女性は横並び意識。男性は縦並び意識なので、名刺交換で上下関係をバトルする男性と違って、女性は上下関係よりもみんな一緒に仲良くなりましょうという意識が強いです。「一緒にランチ行かない？」とか「パンを焼いたので食べてみない？」とか、気軽に誘えるのも女性ならではです。

起業するなら同じ目線で会話ができることはとても有利です。友人、知人が多くなるとそれはコミュニティになり、コミュニティはビジネス展開の助けにもなるのです。

また女性は聞き上手でもあるので、まず相手の話を聞いてニーズを引き出し、解決の方向に持って行きます。聞いて聞いて聞きまくることがリサーチにはとても大事なことですし、カウンセリングとかコーチングやセッションなども、聞き上手な人が人気があります。


知らないことをすぐ質問できるのも女性の特性です。

知ったかぶりをせず、わからないことはわからないと言えるし、知らないことは知らないと言えます。周りに質問をたくさんし、みんなの意見をよく聞くことで、より良いコミュニケーションが生まれます。こんなの聞いたら恥ずかしいという男性のようなプライドもなく、聞いた方が早く解決するという思考です。

③感覚的なことに優れている

女性は「これだ！」という直感が働きます。それを言葉で説明するのは非常に難しいのですが、直感でわかっているのです。根拠のない自信とでも言いましょうか。

女のカンが鋭いと言われる通り、女性は男性より感覚的であり、直感が優れている上に、その場の空気や雰囲気を読むことが得意な人が多いです。

起業を進めるときは頭で考えるよりも、「大好き!」「かわいい〜!」「楽しい!」ことを大事にしたほうがうまくいくし、アイデア商品は女性のひらめきから生まれることが多いのです。

そして雰囲気を大事にすることも得意です。

雰囲気の良いお店、雰囲気の良いもの、雰囲気の良い人、これらはすべて感覚的なものです。感覚でわかるというのも、女性ならではの直感につながります。

④平和主義であり協調性がある

男性は戦い好きな人が多いのに比べて、女性は平和主義です。事を丸くおさめることに長けているのでトラブルがあっても、平和に解決することができます。

やられたらやり返すではなくて、どうやったら穏便に、平和に物事を解決できるだろう?と考えます。(中にはヒステリックな人もいますが…)狩猟型より農耕型です。

女性は売上のためにというより、誰かのために頑張る行動の方が得意です。子どものために頑張れる母親の母性を仕事に生かすと、素晴らしい成果を取れると思います。間違っても競争や戦いなど男性的に仕事をしてはならないのです。

そもそも巣を守る本能があるので、巣を脅かすようなことはしません。

男性のように危険を冒し、大きな事業投資をして失敗、一家離散など巣にいる家族を台無しにするようなことはしないのです。

そして、１人より「みんなと一緒にやろう！」とチームを作るのが上手です。多様な価値観のメンバーをまとめ上げる協調性があります。

１人起業から大きくするにはチーム作りが必須になるのですが、チーム作りは女性に向いています。

⑤共感力があるので相手の悩みをサービスにできる

女性起業家の特徴は、過去の自分の悩みを克服してサービスにする人が多いことです。悩んでいる人の気持ちがわかるので、サービスにしやすいという利点があります。

過去に悩んでいた自分の力になってくれた人がいたように、自分もそんな人になりたいというイメージをはっきり持ち、妄想ではない、現実的なサービスを作ることができます。

そして悩んでいる人たちに尽くし、相手に勇気や元気を与えます。尽くし上手は、相手から感謝のお返しをもらえると本能的にわかっている部分があるのです。まさしく「返報性の法則」というものですね。

しかも女性の視点は細やかです。「今日はいつものような元気がないな、何かあったのかしら？」とクライアントのちょっとした心の機微にも気が付くのも女性ならではです。そこに気が付くことで、クライアントの悩みを即座に解決し、評価もよくなります。

人の幸せを自分のことのように喜ぶことができることも共感力のなせる業です。

相手の感情に自然と入り込み、相手のことを自分ごとのように思えるのです。

相手にとって良くない出来事があった場合でも、一緒に考え、寄り添い、特別な安心感を与えます。

⑥現実的である

女性は現実的に物事を考えます。

損得勘定に長けていることもそのひとつです。起業は損得勘定がなければボランティアになります。自分にとってどんな得があるのか？と考えなければビジネスはできません。逆に損得勘定だけでも人に嫌われるので、バランスが必要になってきます。

そして女性の欲望は現実的です。巣つくりが本能だからなのか、もっと快適な家に住みたい、もっと便利な生活がしたい、もっと素敵な服を着たい、もっと心地良いものに囲まれたい、子どもにもっと良い教育を受けさせたいという「もっと！もっと！」と欲が際限なく出てきます。その欲の深さが起業に活かされるのは言うまでもありません。

そして女性はちゃっかりしています。

「ちょっとこれオマケにしてよー」などと、ちゃっかり発言ができるのは女性ならでは。男性には絶対できない技です。そのちゃっかり力は、起業にとっても役に立つのです。

⑦仕事を楽しむことができる

今を楽しめるということは、過去に縛られず、未来のまだ起こりえぬ不安に捕らわれず、感じたことや考えたことを元に楽しく行動できるということです。そのスタンスが女性起業家には非常に大事です。

男性からすると「仕事を楽しむ」とか「遊びが仕事で仕事が遊び」というのは許されないだろうけれど、女性の多くが「仕事を楽しむ」ことを理想のワークスタイルとしています。

仕事を楽しんでいる人は笑顔の力を持っています。

女性の笑顔で助けられた人は数多くいるでしょう。自分が楽しく仕事をして、その笑顔で人を助けられるなら、どんどん楽しめばよいと思うのです。それが女性起業家には必要です。

男は度胸、女は愛嬌という言葉があるように、愛想よくニコニコしている女性は好かれます。「人に好かれるとお金にも好かれる」と言われますが、愛嬌がある女性にお金が集まってくるのです。

もちろんうまくいかないことや失敗することもあるでしょう。

女性は、いつまでも失敗をクヨクヨと引きずらないある種の潔さがあります。今泣いていたかと思えば、次の瞬間にはケラケラと笑っていられるのです。仕事を楽しむことができる女性は、立ち直りも早いですね。

〈まとめ〉

究極をいえば、起業とは「世のため、人のため」だということです。

最初は自分と自分の家族のためだったりしますが、ゆくゆくは人のために動ける人が大きく成長をしていきます。まさに母性は、人のために動くことができる本能であるのです。

これこそが女性にしか出来ないことです。産み育てることはビジネスにとても通じることです。

小さく産んで大きく育てるという言葉通り、堅実なビジネスができるので、実は女性が起業に向いているということなのです。

第6章

仕事と人生のバランスを取ること

家事もビジネスのように考えて、
効率化できることはして、
自分でなくてもよいことは他に
任せればよいのです。

第6章　仕事と人生のバランスを取ること

女性が仕事をする上で避けて通れないのは、仕事以外のライフスタイルとの兼ね合いです。一番悩むのが仕事と家事や子育てとのバランスではないでしょうか？

特に結婚されている方は仕事や家事、育児に悩殺されながら一生懸命頑張っています。

そのなかでも仕事と人生のバランスを上手にとっている方もいます。仕事ができる女性は総じて家事もテキパキこなし、趣味も楽しみ、睡眠を削っているのかと思いきや、良質な睡眠もしっかりと取っているのです。

かたや「忙しい！忙しい！」と言いながら、頑張っているけれどすべてが中途半端でストレスばかりがたまり、ますます余裕がなくなるという悪循環の方もいます。

幸せな女性起業家とは、仕事と人生のバランスを保ちながら、仕事もバリバリこなし、プライベートも充実させて人生全般が幸せで豊かである状態を目指します。

この章では仕事と人生のバランスをどのように取ったら良いかについて書きます。

■家事の効率化

働く女性にとっていちばんの負担は家事です。すべて家事代行に任せていたり、ご主人が家事をされている場合もありますが、大半の女性は家事もしながら仕事をしています。しかも、これだけテクノロジーが発達しているにも関わらず、家事に関しては母親世代のやり方をやっています。「手をかければかけるほど良い」という価値観が残っているので、家事代行もなんだか抵抗があるというのが現状ではないでしょうか。やってもやっても終わりがない家事に振り回され、自分の時間を持つことすらできず、精神的肉体的に疲れ果てる前に、家事をいかに効率化し仕組みを作るか?を考えましょう。

私自身もどうすれば短時間で家事をこなすことができるか?を常に考え、改善に改善を重ね、今もまだ工夫できるところはないかと進行中です。実際に私がやっていることもご紹介しますね。

①家事に対する考え方

これだけ家電が進化しているにも関わらず、家事の負担がなくならないのはどうしてか考えてみました。母親世代の「家事に手をかけるのは当たり前」「家事の手抜きは主婦をさぼること」の価値観に囚われて、面倒だと思いながら「まぁこんなもんでしょ」と毎日こなしている人が多いのではないででしょうか？

母親のふとした言動は意外に影響があります。

私の母は洗濯機を買ったにも関わらず、すすぎは手でやっていました。「機械には頼れない。自分の手で、すすがれたかどうかを確認しないと！」とせっせと洗濯桶ですすぎをしていました。夏は良いのですが、冬の冷たい水でも同じようにやっていましたので、手はあかぎれだらけ。でもそれは頑張っている主婦の勲章のように母は誇らしく思っていました。

そんな母に育てられた私は、心のどこかで「機械に頼るのはだめ」という価値観があって、結婚当初に買った洗濯機は二槽式にしました。全自動が出ているにもか関わらずです。どこかで「すすぎがしっかりできてるかどうか脱水槽に移す手間をかけることが良い」というややこしい価値観を持っていたようですね。

少なからず、みなさんも母親の家事に対する価値観を受け継いでいるかもしれません。まず、その価値観は果たして必要なのかどうか？と見直してみてください。

そして「家事とは手をかければかけるほど良い」という価値観を手放しましょう。手をかけると良いこと、手をかけなくても良いことがあるので、その区別ができるととても効率化が出来ます。

「ワンオペ」という言葉があります。１人で何でもこなすワンオペレーションの略語で、特に「ワンオペ育児」は、仕事も家事も育児も１人でこなしている働く女性の嘆きの言葉とも言えます。

しかし、家事もビジネスのように考えて、効率化し、自分でしなくてもいいことは他に任せればいいのです。

すべて自分でこなそうとするから、余裕がなくなり疲弊するのです。任せることは手を抜くことではないし、さぼることでもないのです。１人ですべて抱える必要はなく、家事も家電や頼れる人、専門機関など、ありとあらゆる手を使いましょう。

仕事もプライベートも同じ考え方ができる人は、人生のバランスが取れています。仕事もバリバリ、家事も育児もサクサクこなしています。

仕事は、各部署ごとに役割分担がきまっています。家事も同じでそれぞれの分野ごとにかける時間とエネルギーを決めて役割分担しましょう。

②料理を効率化する

生命維持のために毎日の食事を抜くことはできません。１人暮らしの方は外食した方がコスパ的にも手間的にも良いと言いますが、家族がいると毎日外食というわけにもいきませんね。

１日数回の食事の作業は、食材の買い出しから始まり、食材を洗って皮をむいて、切って、炒めたり、焼いたり、蒸したり、炊いたりして、食卓に出し、食べ終わったら食器の片付けと洗い物という一巡の流れを仕事とその他の家事と並行してやらなければなりません。

もちろん時間のないときはスーパーでお惣菜を買ったり、レトルトを利用したりしますが、味付けが濃くて、美味しくありません。

食べるもので身体は作られるので、自分と家族の健康維持のためにも、美味しくて体に良い食事をしたい願望があります。そのうえ、最小限の時間と手間でそれを実現したい。そのためにどうすれば良いか?を試行錯誤してきました。


そしていきついた方法を具体的にご紹介します。

あらかじめ1週間のメニューを決めて、食材や日用品の買い物は生協やネットスーパーの宅配を利用します。

届いた日に食材の下ごしらえをして冷蔵と冷凍で保存。例えば大根1本もその週の献立に合わせて、おでん用、味噌汁用、大根おろし用などに分けて保存します。特に大根は葉つきのものを買うと葉も皮も使えるので、捨てるところがありません。お肉も魚も応用が効く食材を買っておくと何種類もの献立に使うことができます。


料理をするときはあらかじめ決めておいた献立にしたがって、頭の中で手順を考えます。これを切って、煮てる間に次の炒め物料理を作る、味噌汁の出汁を取る間に具を切っておくというように、手順をシミュレーションしてから始めると調理がはかどります。

私はガスコンロ派で、三口のコンロが常にフル稼働の状態です。そして熱いものは熱い状態で、冷たいものは冷たい状態で食卓に並べるというのがポリシーです。


時には決めていた献立が食べたくない日があります。

自分が食べたいものを作るのが私の基本ですので、決めていたけど今日はこれに変更ということもよくあります。そういうときは、今ある食材で何が作れるかを料理アプリで検索して、食べたいものを見つけて調理します。

何も食べたくない日は、「今日は食欲がないので晩ご飯は各自で済ませて下さい」と家族にメールするときもあります。

子どもが小さいときは各自でとはいかないので「ピザ取ろうか？」と言うと子どもたちは大喜びしていました。

料理は毎日のことですから、嫌いな方には苦痛でしょう。

そう言う方は料理好きな男性と結婚するといいですね。

時はすでに遅し…、しかし何年かかけて、家事や料理を教え込んだいう強者もいました。とにかく無理をしないこと。そして楽することを悪いことだと思わないことです。

③掃除をする前にまずモノを減らす

住環境は大事です。片付いていない家に帰ると気持ちもげんなりします。そして片付けるぞ！と頑張って片付けても、すぐにモノが散らかり元の状態…、そんな経験ありますよね。

そして部屋の状態が自分の脳の状態だと言われるように、部屋が片付いていない＝脳も片付いていない、つまり思考が散乱して自己管理できていない状態です。

思考の整理をしたければモノの整理をすることをおすすめしているのですが、そもそもモノが多い状態では整理もなかなか進みません。なので、思い切ってモノを減らすところからやってみましょう。

実は私はモノを減らすことが苦手です。

いつか使うかも、いつか着るかも、いつかいつかで、取ってあるモノがどれだけ多いか！

この本を執筆するにあたり、家よりホテルの方が捗ることが多々ありました。家に溢れているモノに無意識に気を取られているんだなと感じました。

目の前に無駄なモノがない空間がこんなに気持ちも落ち着き、インスピレーションが湧くということを体感したので、いきなりホテルのようには無理ですが、自宅も徐々にモノを減らすことを執筆と同時に進めています。

モノを減らすには、捨てるのが一番です。減らすのが苦手な人は捨てるのも苦手。しかし、片付かないのは、明らかにものが多すぎるのです。

まずは必要のないモノを家から追い出さないと家は片付かないのです。

必要なものと必要がないものを簡単に見極められるのは冷蔵庫です。賞味期限の物差しがあるので、期限が過ぎたものは要らないとさくっと捨てることができますよね。乾物やレトルトなどの保存食も確認してみたら、期限が過ぎているものたくさんあって驚きます。

まずは期限がはっきりあるものから捨てていくと、捨てることに慣れてきますので、冷蔵庫の整理はウォーミングアップにもなります。

ものを減らす方法は、モノを持つ期限を決めることです。自分で期限を決めるとなると、決断力が必要です。この決断力は仕事をする上でもとても必要なことですので、普段の生活の中でも鍛えていきましょう。

捨てることに抵抗がある方は、ネットで売ったり、リサイクルショップに引き取ってもらうのも1つの方法です。値段がつかず、売れないものは、本当に必要がないものと納得してお別れすることができます。

モノとお別れするときも「今までありがとう」と感謝の気持ちを込めてお塩で清めてから、手放します。捨てることへの罪悪感を軽減できますので試しにやってみて下さい。

④掃除と洗濯は家電を駆使して手間を省く

家事を楽にしてくれる家電はたくさんあります。

どんなに要領がいい人でも、日に何度も食器を手で洗い、洗濯も手洗い、掃除もほうきでやっていたのではいくら時間があっても足りません。家事もマルチタスクができるように家電を駆使しましょう。

掃除はロボット掃除機です。最初に発売された頃「ロボットに掃除させるなんて！手抜きもいいところだわ。やはり手動で掃除機をかけるのが一番！」と豪語していた私ですが、今ではロボット掃除機に頼りっぱなしです。自分で掃除機をかけるよりもキレイになっています。

そしてロボット掃除機を床全てに走らせようと思ったら、床にものを置くことができないので必然的に片付けをします。

出かける前に作動させて帰宅したとき、床のものを巻き込んで動けなくなってしまっている状態を発見したときはとても悲しいものです。

家電も自分がやらなければいけないことをやってくれるので、少々高いなと思っても、投資と考えると買うことができます。

家もきれいになるし、自分の時間は増えるしで、よりすっきりと仕事に向かうことができます。

洗濯は、洗う↓すすぐ↓絞る↓干す↓取り入れる↓たたむの工程です。

ほとんどの工程を洗濯機がやってくれますね。洗濯機の発明で女性の重労働の家事が軽減されました。

洗濯機を買い替えるときに、乾燥機付きにするかをとても悩んだ結果、乾燥機がついてないものにしました。これは少し後悔しています。

乾燥機付きドラム洗濯機なら、出かける前にセットすれば、帰宅後、乾燥ができた状態だととても便利だろうなと思います。

とはいえ、すべて乾燥機にかけられる衣類ばかりではないので、怪しい天気のときは浴室乾燥機を使っています。

最近の洗濯機は洗う方法も何通りもあるので、ドライクリーニング表示のものも自宅で洗います。クリーニング屋さんに持っていって取りにいくということが面倒だからです。

洗濯の工程ではたたむのが面倒なので、ほとんどの衣類はハンガーで干してハンガー収納にしています。ハンガーにかけると伸びてしまう素材のものだけ、平干しにしたり物干し竿に引っ掛けて乾かしてたたんで収納しています。

■幸せな女性起業家の基本は衣食住と愛と健康

仕事ばかりで家が荒れ放題では、良い仕事ができません。

特に女性は「巣作り脳」ですから「巣（家）」を整えることが大前提なのです。

生活の基盤である「衣食住」が整っていることと、「愛」に満たされ「健康」であることが、幸せな女性起業家の基本なのです。

①「衣」は自分を表現するものです。

人は第一印象でほとんどを判断しますから、自分らしくて、自分を表現するファッションがいいですね。

できる女性に憧れてバリバリキャリアウーマンの格好をしてるけど、本来は優しい雰囲気のファッションが似合う方もいらっしゃいます。

もちろんなりたい自分を表現するファッションも良いとは思いますが、自分の本質からはずれたファッションはいずれ違和感を感じますので、本質の延長にあるファッションが良いです。

ステージが変わるごとに、一番変化があるのがファッションです。

去年よく着ていた服が今年はしっくりこないということは、自分のステージが上がっているからです。1年に1度はファッションの見直しをするとよいですね。

私はステージが著しく変化していたときには、半年ごとに着る服が変わっていました。

デザインが奇抜であったり、柄物は印象が強くすぐ合わなくなるので、できるだけシンプルで着回しが効くもので対応していました。

それは今でも同じです。同じものでもアクセサリーやバッグや靴を変えることで雰囲気が変わりますので、ステージが変わっても対応できる技を身に着けました。

そして衝動買いも減りました。

自分に何が合うか、何が好きなのか、そして今ある服と何が合うかが、はっきりしてくるので、安いから！かわいいから！で服を買うことがなくなりました。

もちろんバーゲンやファミリーセールも行きません。

私の今までの経験値から、バーゲンやファミリーセールで買ったものは結局、着る機会が少なく、タンスの肥やしになることがわかったからです。


そしてお金をかけるところとかけないところがはっきりしてきました。

夏物はお金をかけません。冬物のアウターは何年も着るつもりで上質なものを買う。白や薄い色のものは、1シーズンごとに買い換えるつもりでリーズナブルなものにします。

流行のものは、迷わずプチプラです。(※プチプライス＝安価)

旬を取り入れるのも大事ですが、来年には野暮ったく感じてしまうので、ベーシック以外のものはプチプラが良いです。

着心地の良いものや身体にフィットするものは、色違いで買ったりもします。

ブランド物であっても、着心地が悪いと全く着なくなります。着心地よいものは、部屋着にしてくたくたになっても着ていますね。

②「食」に関しては、外食や惣菜を買うより自炊をしましょう。
自炊を楽にしてくれる家電もたくさんあります。

献立はシンプルで素材の味を楽しめるものが良いです。食材もなるべくオーガニックなものを厳選しましょう。とはいえ、すべて無農薬は探すのも難しいので、あまり神経質になり過ぎずに。身体を作るのは「食べ物」「水」「空気」です。食べたもので身体はつくられています。毎日美味しいと思える食材を食べることも健康のヒケツです。

女性の社会進出とともに、台所に立つ時間が減少しました。家で発揮していた実力を社会で発揮するのは良いことですが、家族を守るために一番大切なことは日々の食事作りです。

なるべく手をかけずに、楽に早くできる得意メニューを５つくらい持っていると良いです。食材はまとめて買っておき、帰宅してから30分で済ませられるメニューがあると安心です。

私の場合は、冬は鍋が「てっぱんメニュー」です。

切るだけで炊きながら食べられますから、時短にもなり、楽です。

その他の季節は、鮭のホイル焼きや、チキンの照り焼き、豚キムチ等、焼くだけや炒めるだけのものです。

蒸し料理もよく作ります。スチーム機能付きのレンジでさっとできます。

自宅作業をするときは煮込み料理。これも材料を切って調味料を入れるだけで勝手にでき上りますね。

煮込み料理って手間がかかりそうなイメージですが、ほったらかし調理ですので、簡単です。圧力鍋を使えば時短になります。

③「住」については、どこに住むか？

住む国、地域、場所はとても大事です。自分と合った土地に住むことで、心身とも落ち着きます。住む国を変えるとか、家ごと変えるというのはなかなか難しいですが、思い切って海外に住んでみたら、仕事もプライベートもうまくいくようになったという話も聞きます。


日本に生まれたから、日本に住まなければならないという決まりもありません。

世界地図で見れば、日本って本当に小さい国です。しかも海に囲まれた小さな島の集まりです。日本以外の世界をもっと見て、地球のどの国が一番自分に合っているか考えてみましょう。もし、いいなと思う国があれば実際に訪れて、その国のエネルギー、住んでいる人々、その土地の食べ物、空気、水が合うかどうか体感してみると、日本より心地良い場所があるかもしれません。

私は各国を旅して、海外に住むということも考えましたが、今のところ住むのは日本が良いと思っています。そして各国に暮らすように旅をすることで、それぞれの国の良いところを取り入れて、日常の生活に生かしています。

住む場所は私たちの心身を整えてくれます。外に出ることで疲れた身体を休め、気遣いで感じたストレスを癒す場なのです。そして明日につながるエネルギーを充電する場所です。居心地が良いに越したことはありません。家の中でも自分が落ち着く場所があること。ソファでもいいし、ベッドでも良いです。

なんと私はキッチンが落ち着く場なんです。

出張や旅でホテルに泊まることが多いのですが、どんなラグジュアリーなホテルよりも、キッチン付きのコンドミニアムが一番落ち着きます。キッチンがあるだけでほっとするのです。生命の源（食事）を生み出す場所だからでしょうね。

「家」が落ち着かない人は、落ち着かない理由を探って改善してみてください。

五感のどの部分が気になるのか？家より外の方が落ち着く人もいます。外で自分が落ち着く場を見つけておくと良いですね。

④愛が人間の根幹です。

日本人は「愛」という言葉が苦手です。

ちょっと照れ臭い、くすぐったい気がしませんか？

そもそも愛とは何でしょう。

「愛」というとても抽象的な事ことを学ぶと人生の器を大きくしてくれます。幸せな女性起業家にピッタリです。「愛がすべて」という言葉もあるように、私たちの「根幹」をなすのは、結局「愛」なのです。


「愛」とは何でしょうか？　辞書で引くと6つの意味がありました。

1　親子・兄弟などがいつくしみ合う気持ち。
　また、生あるものをかわいがり大事にする気持ち。「愛を注ぐ」。
2　異性の特定の人をいとしいと思う心。互いに相手を慕う情。恋。「愛が芽生える」。
3　ある物事を好み、大切に思う気持ち。「芸術に対する愛」。
4　個人的な感情を超越した、幸せを願う深く温かい心。「人類への愛」。
5　キリスト教で、神が人類をいつくしみ、幸福を与えること。

また、他者を自分と同じようにいつくしむこと。
6　仏教で、主として貪愛《とんあい》のこと。自我の欲望に根ざし解脱《げだつ》を妨げるもの。

貪愛について、もう少し詳しく説明すると、
①対象を追い求め、執着すること。とんない。貪。
②むさぼり好むこと。あくことなく欲しがること。
この「愛」はネガティブな愛の形だと言えます。「愛」もポジティブな側面だけでなく、ネガティブな側面もあるんだということも知っておきましょう。物事は陰陽バランスで成り立っていますから、どちらもあるんですよね。

そして、与える愛もあれば、受け取る愛もあります。与え好きな人は受け取るのが苦手で、受け取り好きな人は、与えるのが苦手です。どちらもバランスよくできるように、自分の愛の傾向を知ると良いですね。
愛にあふれている人は素敵です。私もそのような人間になりたいと日々精進しています。みなさんも、日ごろあまり考えないであろう「愛」について、一度じっくり考えてみて下さい。

⑤健康が一番の幸せ

あれもこれもやりたい、ここにも行きたいし、あの人にも会ってみたいを実現するためには、お金・時間そして健康が必要です。

お金がたくさんあって、自由な時間があっても、健康でなければ何もできません。健康が人生の一番の幸せだということを、切に感じています。

私は30代のとき、身体の調子が良くありませんでした。原因不明の咳が続いたり、過呼吸、原因不明の腹痛など、いくつも病院を回っても、一向に良くならない健康状態。

当時、子育てと義両親との同居、自分がやりたいことが思う存分できない閉塞感、それなのに何も踏み出せない自分に対しての失望感や自己肯定感の低さで、自己バッシングをしていました。心と身体はつながっているのだと知ったのもこの頃です。

身体が元気であるためには心も元気で、社会的にも何か価値を生み出している自分であることが健康の秘訣だと痛切に感じた30代でした。

健康の維持には、食事・運動・睡眠です。食事に気を使い、運動をしている人はよくいますが、睡眠に気を使っている人は少ないです。心身の疲れを充電し、脳の働きをよくする良質な睡眠をとりましょう。最近は本屋さんにも睡眠についての本が並ぶようになりました。

毎日24時間の４分の１から３分の１を占める睡眠の質を上げることで、健康維持もでき、起きている間のパフォーマンスも良くなります。

寝具を変える、枕を変える、ベッドの位置を変える、パジャマを変える、寝室は寝るだけの用途にして不必要なものは置かない。以上のことだけでも、起きたときに疲れが残ることは少なくなります。意外と見落としがちな睡眠を改善することで健康が高まるので、試してみて下さい。

山口真紀さん

・セレクトショップ「M」オーナー

・起業1年目

22年間勤めた会社を辞めることは決めていましたが、さて自分は何がしたいのか、何ができるのかがさっぱりわからない状態でした。でも何かをするためにはビジネスを学んだ方が良いと思った時に友達から蔦田さんのことを紹介されました。

会社での仕事はいくらやっても報われない状態なので、会社以外で自分を発揮したいと思っていました。

●それがどう変化したか

まずは自己価値が上がったことです。

私を客観的に見てくれる仲間に恵まれ、自分では当たり前だと思っていることに価値を見出してもらって、それを褒められることで、自己価値がどんどん上がっていきました。

無意識でやっていた「ものの買い方」、「お金の使い方」を褒められることはとっても意外でしたが、そういうことをやっている自分に気づきました。

社会人になって「こうあらねばならない自分」を作ってそれに慣れきってしまっている自分にも気づき、もっと自由にやりたいことをやっていいんだと気が楽になりました。

自己価値が上がるにつれ、もっとこうなりたい欲求が高まってきました。そしてそれを口に出して言っていいんだと、どんどん自分に許可を出し続けることができました。

その結果、小6からファッション雑誌「VOGUE」を読んでいたほどファッションが好きだということ、そして自分の好きなものだけを集めたセレクトショップがやりたかったことを思い出しました。

人とリアルで接することが大好きなことにも気づき、リアル店舗を持つ！と決断できました。


その結果、2019年12月に念願のセレクトショップ「M」を大阪市内でオープンできました。無謀かと思いましたが、蔦田さんに背中を押してもらって一気に進むことが出来ました。決断してから半年で夢が叶ったスピードは自分でも驚いています。オープンする過程で、人に頼ることもできるようになり、人の応援を感じて、感謝の気持ちでいっぱいです。

プライベートも好きなことを思う存分できるようになり人生が充実しています。

●蔦田塾を選んで良かったと思うところ
同じ目線で一緒に考えてくれるところです。

最初の3か月でマインドを整えたこともとても大きかったです。まじめで勤勉なのは良いことですが、自分を抑えて周りに合わせた生き方は、本当にしんどかったです。

幸せと成功を両方手にすることができて本当に良かったです。

人生の幅が広がりました。

これからはセレクトショップ「M」のオーナーとして、信頼されるお店作りを心がけていきたいです。

第７章

「幸せな女性起業家」の生き方

幸せな女性起業家とは、仕事もバリバリこなしながらプライベートも充実させて、人生全般が幸せで豊かである状態を目指します。

第7章 「幸せな女性起業家」の生き方

●私が起業するまで

私が私らしく生きるということを追い求めた結果たどり着いたのが「幸せな女性起業家」でした。それは働き方だけでなく、生き方そのものです。

どういう経緯で今に至ったのか?を書いてみます。

私が生まれたのは奈良の片田舎です。実家は奈良の古くから続く旧家で、とても保守的な環境でしたが、本家の長女として生まれた私は大家族の中で伸び伸びと育てられました。父親は公務員で厳しく「バイクはダメ」「清涼飲料水はダメ」など、父のポリシーに合わないものは与えられなかったのですが、教育に関しては惜しみなく与えてくれました。母親は、保守的で専業主婦。家族のためだけに生きている典型的な「お母さん」でした。

商売人の家庭で育ったわけでもなく、自分で仕事をする発想なんて全く持っていなかったですし、仕事とは、働いた分だけお給料をもらうという考えでした。

大学時代は、バイト三昧。普段は家庭教師、長期休みは喫茶店や本屋さんでバイトを掛け持ちしてよく働きました。

23才で小さいころからの夢だった教師になりました。そこで「社会は不公平だ！」と思うようになりました。公務員という守られた職業。「適当に働いている人と一生懸命働いてる人が同じ給料なのはおかしい！これって本当の民主主義なのか」という疑問を持ちました。

しかも、女の先生で目標にできる人がいませんでした。

家庭と仕事を両立するということは、どちらもそこそこ適当にすることなのか？など、色んな思いが交錯し、３年間で燃焼しきったのもあって、25才になる3月、結婚を機に思い切って退職しました。

大好きな仕事をバリバリこなしていた私が家庭におさまらなければいけない状況（結婚・出産）となりました。

姑が病気だったということもあって、最初から同居でした。奈良の田舎では同居が当たり前でしたから、抵抗はなかったものの実際は大変でした。

そんな中でも何かしたい！という気持ちは収まらず、自宅をベースに児童英会話のホームティーチャーや個人指導の塾をしました。

長女がまだ小さかったので、週に1～2時間働くところからのスタート。まったくお金にはなりませんでしたが、働く喜びを得ました。

お金よりも私が私である「場」と「時間」が欲しかったのです。自己実現の欲求の方が大きかったんですね。

専業主婦として、家族のために生活しやすい環境作りをして、健康を守るために食事も丁寧に作って、「家」を心地よい場にすることも嫌いではありません。むしろ好きな方です。

ただ、そのときはそれが苦痛だったのです。

やって当たり前、やったことを認めてもらえず、もっと期待される。そして認められたいから、またやってしまう。結婚はその家に染まって、自分自身を殺して生きることなのだろうか？

母がそういう生き方だったので、「絶対に母みたいに生きたくない！」と思っていたにも関わらず、同じことをやってしまっていたんです。

自由奔放に育ってきたのに、自分で自分をオリに閉じ込めてしまったのです。なんて若かったのでしょう…。みんなに好かれたかったのかもしれませんね。

そういう気持ちの中で、救われるのが「仕事」だったのです。

だから育児と家事が最優先の環境の中でも、何かできることはないか？と必死で探していました。「できない言い訳をするよりも、できることを探そう」の姿勢はいつも変わりませんでした。

25才で結婚し、28才で長女を出産。義理の両親と夫の妹と2世帯住宅で同居。姑が病気だったので、家事はすべて私が担当という状況の中、私が私でいられる「場」が仕事だったのです。

そして、夫の収入範囲でできることは限られています。

それに生活費から自分のために使うのは何だか気が引ける。だったら、他で収入を増やすしかない！いたってシンプルでした。

自分ができることでキャッシュを生み出せること＝教えること、だったのです。

自宅教室は、８年くらい続けました。

子どもが小学校に行くようになり、夕方からの自宅教室で忙しくしていたのでは、肝心の自分の子どもがほったらかしになります。

おやつを与えて「ちょっとビデオみといてね」と授業をして、リビングに戻ると、食べ散らかしたお菓子の袋を持ったまま寝てしまった子どもの顔を見て「夕方の授業はやめよう」と決めてお昼に働く仕事を探しました。

そして次の仕事は保険の営業でした。保険を売るなんて無理と思っていましたが、友達の誘いもあり覗いてみた世界がおもしろそうだったので営業職に就きました。お昼は保険の営業、夜は自宅で塾、良く働きました。

保険会社で働いたのは約3年です。とてもいい勉強をさせていただきました。特に営業については、ほとんどここで力をつけたようなものです。

保険＝形のないものを売るのは、そこにどんな価値を感じてもらうか…、だけなのです。

それは、今の仕事にも通じることでした。そして、私は形のないものを売る方が向いています。

しばらくは、2足のわらじで続けていた自宅塾を細々と続けながら、ネットワークビジネスに手を出したり、短期バイトをしたりと、自由気ままな生活をしていました。

その頃の私は、仕事よりも家族との関係で悩んでいました。保険会社で働くと決めたのは、離婚を想定してのこと。お金ではない問題だったんですけどね。

20代は、ワケもわからず突っ走り、少し世の中が見えて来た30代で、ふと立ち止まる。精神世界を知ったのも30代でした。30代は、かなり辛く、暗黒の30代と呼んでいます。

そして40才で人生の転機が訪れました。

それは私の人生の台本にはなかったことです。たった1年3ヶ月の間に、両親を相次いで亡くしたのです。

2000年12月に父を、2002年2月に母を。何が起こってるのか、わからなかったです。

父は、その日の朝に倒れて、そのまま意識が戻らず夜に逝きました。その頃、母はガンの闘病中でした。気丈に振舞っていましたが、翌年に悪化し、1年間の入院生活の末、力尽きました。

子どもも小学生になって手が離れ、ようやく親孝行ができるな、と思っていた矢先です。とてもショックで、特に母が亡くなってからは、私はモヌケノカラのようになってしまいました。

毎日母を思い出して泣くだけ。家事もやっとこさの状態。もしかしたら、少しウツ状態だったのかもしれません。

唯一救われたのは、娘たちが普通に振舞ってくれていたことです。うつろな私を現実に引き戻してくれました。

「あのとき、ママかなりヤバかったよなー」と今では笑い話ですが。

少し悲しみが癒え始めたときに、母の人生やこれからの私の人生を考えられるようになりました。母の人生は、私の反面教師でもあったのです。

私は絶対母のような生き方をしない。そう思いつつ、やはり母の娘だからでしょうか、嫁いだからには…と、おさまってしまって、暗黒の30代を過ごすわけになるのですが。

そんな母の人生の最後はガンの苦しい苦しい闘病。痛み止めのモルヒネでどんどん意識がなくなっていく姿に、もっと母と話しておいたら良かったと、何度後悔したことでしょう。


自分のために生きましたか？

私が娘で良かったですか？

お父さんと結婚して幸せでしたか？

やりたいことはやりましたか？

本当にお母さんの人生は幸せでしたか？

答えは返ってきませんが…

同時に「自分はどんな生き方をしたいのか？」を自問自答していました。

ある日「あっ、こんなことをしていたらだめだわ。何かしよう」と思い、何ができるか?何がしたいか?と、いきなり、前向きに考え始めました。

突然シフトチェンジしてしまったのです。自分が単純で助かりました。

それが41歳の春のこと。そこから私の起業人生が始まったのです。

そしてやるからには、年収１０００万円以上！だと思ってました。年収１０００万円稼ぐ人ってすごい！と思っていたので、すごい人になりたかったんでしょうね。

様々な職歴を経て、私の仕事に対する考え方ができ上がってきました。

・雇われるのは嫌
・自分の力で仕事を構築したい
・やったらやっただけの収入が欲しい

そこにプラスして、同じやるなら年収１０００万円と目標を明確にしました。

最初は好きなＰＣを使っての仕事でどんどん事業内容を広げていこうと、夢は大きく志も高くをモットーに、できることから始めればいいだろうと何の不安もなく始めました。

以前から今の日本の大企業信仰に疑問を感じていました。

子どもたちも、いい大学、いい企業に入ることだけを目標にし、自分はどういう人になりたいのか？どういう人生を送りたいのか？ということを考えられないままに大人になっていきます。

小さい頃に抱いていた夢を忘れて、何の疑問も感じず、年老いていってしまうことに対して「それでいいの？」っていう投げかけをしたい！と思っていました。

自分に対しても、流された人生は絶対嫌だ！思い通りの人生を生きたい！という強い希望がありました。

両親を相次いで亡くしたことで、人生は有限だということを実感しました。

彼らの人生は幸せだったのだろうか？

思い残すことは何もなかったのだろうか？

私はどういう人生をクリエイトしたいのか？

たくさんの自問自答をした結果、出た答えが起業＝私の人生の表現　だったのです。

●「幸せな女性起業家」への道

私の起業塾では「こんなのできますリスト」（P58・P59参照）を提唱していますが、私もそこからのスタートでした。

私の起業はパソコン家庭教師からの始まりでした。できることからのスタートです。

人より少したくさん知っているパソコンの使い方を教えるだけで仕事になるんだ！と、びっくりしましたが、楽しく仕事をさせていただいてました。

知り合いのクチコミでは飽き足らず、外の世界を見たくなり、オンライン求人サイトで、パソコンを使ってできそうな仕事を探しました。

データ入力、ホームページ制作、パソコンインストラクターなど、できる仕事は何でもやりました。

その中でも一番スキルアップできたのが、商店や小規模事業者さんへのホームページ制作と販売です。

ホームページを作って「売上げを上げたい！」というお客さんばかりだったので、ウリは何か？セールスポイントは何か？何を見せることでより惹きつけられるのか？の視点が鍛えられました。その経験が現在のコンサルティングの原型となっています。

様々な業種のオーナーさんとお話できたので、それもとても勉強になりました。

おかげで仕事がどんどん入ってきて、お客さんのところへ教えに行き、家でホームページを作り、委託を受けている会社に報告文書を作り、当時中学生と小学生だった娘達を育てながら、馬車馬のように働いていました。

しかし、このままではカラダを壊すと思いました。

またそれぞれの報酬は良かったのですが、この環境（子育てと家事しながら）では、月60万が限界だなと考えました。

一生懸命時間を使っても、目標の年収１０００万には届かない…。そこで働き方を変えてステップアップさせなければと思い始めました。

もっと豊かさを循環させるビジネスモデルはないのか？一馬力よりも十馬力、十馬力よりも百馬力…。

そこで浮かんだのが、イベントです。

「自分らしく生きたい」、「好きなことを仕事にしたい」と、色んな技術を身につけている人が回りにたくさんいて、それを発揮できる「場」を作りたいと思いました。

これからの時代のニーズが高まる「美」と「健康」と「癒し」関連の技術を持っている女性を応援できる場を作ろうと決めました。すると「ここを使って何かをしたら？」と言ってくださる方が現れて、その「場」でどうやってイベントを実現するか？という具体的なことを考えました。

一から創り出すことなので、運営方法・システムなどをどうやっていこうか？と考える日々です。

実際イベントをやっているところに、足を運んで自分の目で確かめました。システムはいいけれど、開催している場所が今一つだな、とか、主催者だけが儲かるシステムだとか、特徴や長所短所を見極めました。

その良いところばかりをミックスして、その場に集う人みんなが得をする、近江商人のいう「三方良し」の仕組みを作りました。

名前は「すまいるはぁと」。心からの笑顔がいっぱいのイベントにしようと名付けました。

小さい規模でしたが、数はとことんやりました。知名度が低い。しかし広告宣伝にかけるお金はない。現場で学ぶことが多いから、現場の数をとことんやりました。


集客についてはたくさん勉強しました。集客できているイベントには足を運びました。

広告宣伝費をかけずに、個人の力を集結し、インターネットの波及力を使うことに徹底しました。

そこに至るまで、ビラ配りや、ポスティング、フリーペーパーに載せてもらうなどなど、ありとあらゆる広告方法を試しましたが、一番効果があったのが口コミとインターネットでした。

出店者はネットで見つけて個々に声掛けし、紹介を募ります。

当日のお客さんはネットと出店者や主催者の口コミで集めました。

そして、リストを取る重要性に気づき「すまいるはぁとファン倶楽部」のメンバーを１年で１０００名集めようと決めて達成しました。

ネットと口コミだけで集客する方法は、どんどんブラッシュアップされました。

ブログで集客できることを知ったのもその頃です。この方法を習得すれば、出店者さんをもっともっと表に出し、もっともっと売れるはず！という思いが、ブログで集客する方法を教えてくれる講師に出会わせてくれました。

真っ先にそのセミナーを受講した後、大阪に招致するオファーをかけました。そして3か月後にはその講師を迎えて、セミナーを開催していました。私の仕事はイベント主催者から、セミナープロデューサーへと、変化をしていきました。

2006年にイベント事業をスタート、2008年にはセミナープロデュース事業をスタート。2018年まで続きました。その間の2012年に法人化しました。

その頃には「普通の主婦から法人化できるまでどうやってきたのかを教えて欲しい」「仕事と家庭のバランスをどうやって取ってきたのかも聞きたい」という声が多くなりました。

私に求められていることを形にしようと、セミナープロデューサーから自分自身がセミナー講師になる決意をしました。

当時は自分を売るより人を売る方が得意でしたので、自分自身のこととなると弱気になってセルフイメージを上げるのに苦労しました。ある経営塾に入ってセルフイメージがどん!と上がり、現在の【蔦田塾】の形が出来上がりました。

幸せな女性起業家というコンセプトも、ずっと思い描いていたことでした。

私自身は、ビジネスをするうえで「仕事か家庭のどちらか」という発想は全くなく、どちらも大切だったので両立させてきただけです。

「自分にできる仕事で成功したい！でも家庭も大事にしたい」そんな女性が増えた今、私がこれまでやってきたことが皆さまの役に立つのではと思っています。

●女性の理想を叶える「幸せな女性起業家」という生き方

とても大きな会社にお勤めをされている女性が「ふと思うのよね。この会社での存在価値って何だろう?って。」とおっしゃっていました。

私からすれば、誰もがうらやむ会社でそこそこの地位にいらっしゃる方がそのようなことを言われるのが意外でした。

私たちは「誰かのために」あるいは「何かのために」自分が必要とされているという手応えを常に欲しています。誰かの役に立っている実感があると生きる喜びにあふれます。

私が仕事をし始めた当時の理由が「自分で稼ぎたい」でした。とにかく夫に養われているのが嫌で嫌で。夫の給料で生活している自分が嫌でした。

同じ感覚の方もいらっしゃると思います。夫は一言も「養ってあげてるんだから」ということは言わなかったのですが、仕事を辞めて家庭に入った自分の選択が間違っていたのではないか？と心のどこかで思っていたのかもしれません。

もっとバリバリ働きたかった。まだバリバリ働けるのに私は家で家事と子育てに明け暮れて。あなたはいいわよね、仕事だけ考えていればいいから！と、他者を攻撃することで、自分を正当化したかったのかもしれません。

そこに気づけたのも、起業してからです。自分で稼げる自信がついたことで、私は本当の自由になり自立できたのです。

●経済的自由
●時間的自由
●精神的自由

この3つが同時に手に入るのが「起業」です。

会社員やパートアルバイトは、時間的拘束があり自由ではないし、やりたくない仕事、一緒に働きたくない人とも仕事しないといけない場合は、精神的自由ではありません。

私はこの３つの自由が手に入るならば、保証はなくても、やればやるだけ成果につながる働き方がしたかったのです。

それが「起業」という働き方でした。

自分が大事にしたい家族、自分の趣味、友達との遊び、行きたいところに行きたい人と行ける自由。しかも誰かのお役に立つことで、価値とお金の交換ができて豊かさの循環を起こせます。

私は10年でたどり着きました。

現在は私が始めた頃より情報も多いし、インターネットも普及しています。先達もいらっしゃるので、私が10年かかったことを5年でできるのではないか?と思っています。

私が主宰している塾の卒業生さんは、みるみるその人らしい人生に変えています。

・自分らしさがわからない
・このままでいいのかな?
・何をしたらよいかまったくわからない
・楽しく自由に働きたい

・変化したいが何から手をつければよいかわからない
・安心して生活していきたい
・毎日同じことの繰り返しで、ただ忙しい状態から抜け出したい
・やりたくない仕事が苦痛で、もっとやりがいがある仕事がしたい
・自分軸で動けない、振り回される自分を変えたい
・いつまでも続けられる仕事がしたい

そんな自分だったけど、幸せな女性起業家としての生き方を学んで、

・正しい方法と正しい順番でビジネスを進められるようになった
・セルフイメージが上がって自分の進む方向が明確になった
・起業してやっていく自信がついた
・考え方が変わり、自己価値が上がった
・やりたいことが明確になり行動できるようになった
・すでに売上が上がっている
・気づいてなかった「ねばならない」がとれた

・自分で決めて行動するというマインドが出来た
・自分の可能性が見えて未来が楽しみになった
・言い訳をすることが激減した
と変化をされています。

誰もが持っているキャッシュポイントをオリジナルビジネスにかえて「起業」する。自分で人生を創り出す思考で、他者に依存する生き方から自立する生き方に変化して自分らしく豊かに生きる「幸せな女性起業家」を全世界に増やしていくことが、私のミッションです。

おぐろやよい

・起業家の事務サポート
・起業3年半

一生できる仕事をしたい、と洋服のお直しの仕事のパートをしていましたが、家事とのバランスがうまく取れず、外に勤めにいくよりも家でできる仕事をしたいなと思っていました。そして考えたのは、デニムをリメイクしたバック制作販売です

●それがどう変化したか

これでいこう！とやる気満々で、アメブロを書いて宣伝すれば売れるだろうと頑張っていましたが、思うようにに売れず、どうやったらうまくいくのかな？とネット検索で蔦田さんを知り、キャッシュポイントってあるのなら、私のキャッシュポイントって何だろう？と思って会いに行きました。

そこで言われたのが、「稼ぎたいのならデニムのリメイクバックではないよ」と、そして今までの職歴や得意なことなどを聞かれて、「稼ぎたいなら起業家の事務サポートです」と言われました。

ハンドメイドは、時間がかかる割にはお客さんには価値が伝わりにくく、かけた手間や時間に応じた価格設定ができないので、売れたとしても疲弊するだけでビジネスにはならない現実がありました。

独身時代からずっと事務畑で働いてきた経験があり、実は「もう事務はしたくない」という思いがありましたが、稼ぎたいのなら事務サポートと言われ晴天の霹靂でした。淡々とできることなので、求められるのであればやっていこうかなという感じでした。

その結果、事務サポートとして数名の起業家さんとお仕事させていただくことができています。家事と仕事のバランスを取りながら在宅で収入を得ることができる。この働き方が私にとっては一番幸せなことです。

●蔦田塾を選んで良かったと思うところ

自分の働き方を変えることで、時間が自由なので気持ちの余裕ができて家族にやさしくなれたことです。

特に子どものことを心配ばかりしていましたが、「親の仕事は子どもを信頼すること」だと教わり、思い切って不要な心配を手放してみました。持病があった子どもの体調も良くなり、親子とも自立できるようになりました。

そして私にとっては、「時間の自由」が一番の心の安定となり、幸せな女性起業家ライフを楽しんでいます。

岸本美枝

・小売業　テルミ洋装店
・起業2年目

これという仕事、自分でやりたい仕事が見つからず、派遣登録では「ちゃんとした資格を取って来て下さい」と言われました。資格を取ろうとTOEICを取ったり、簿記を取ったりしましたが、結局何がしたいか、何ができるのかがわからず、途方に暮れていました。当時は起業しようとはまだ思っていませんでした。

●それがどう変化したか

資格を取ったところで思うような仕事には就けないことがわかりました。その時、実家が洋装店をしていた頃の生地があるのを思い出し、ヴィンテージの生地を売ろうとネット販売をしましたが、それも全く売れず、どうしようかな、あとなにができるのかな?と思って、蔦田塾に入りました。

塾でビジネスを学びながら、平行してネットビジネスについても学んだところ、ヴィンテージ生地はネットでは売れないことがわかり、展示会から始めました。リアルで販売することが合っていると気づきました。

ヴィンテージ生地をオンリーワンの洋服に仕立てるサービスも始めました。生地を巻いて遊ぶ「マキマキ会」を始めたり、トルソーに巻いて洋服に仕立てたイメージがわかる発信をFacebookで増やしていくと、マキマキ会から展示会に来てくださってオーダーという流れが出来上がりました。

自分がいいなと思うクリエイターさんの作品を展示会で紹介するうちに、クリエイターさんは自分の作品に対する思いが強いけれど販売するのは苦手だと知りました。販売の経験を生かして、出店者さんの作品を販売するお手伝いをするイベントも開催しました。これが制作者さんにも来場者さんにも好評で、私の特技も生かせるので、続けていきたいと思っています。

まさか自分が起業するとは思ってもいませんでしたが、自分ができることで周りにお役に立てることは何だろう?と考え続けて形にしてきた結果、たくさんキャッシュポイントが見つかり、いつのまにか起業という働き方をしていました。

今後はヴィンテージ生地の販売をすること、私が良いなと思う個性があるものをどんどん紹介すること、それを販売するイベント企画など、多岐にわたったキャッシュポイントを生かした活動をしていきたいと思っています

●蔦田塾を選んで良かったと思うところ

自分がしたいことが見つかり行動できるようになりました。自分の人生に失望していた時期もありましたが、幸せで豊かな人生をつくろう!と思えるようになりました。

あとがき

私も数年前は「幸せも成功も手に入れたい」と夢を見ていたひとりでした。

人生の方向性がわからなくなって「私がやりたいことは何だろう?」「私ができることがあるのだろうか?」「本当の私が望んでいる人生とは?」と、悶々としていた時期もありました。

たった一度の自分の人生をあきらめない！

というのが一番根底にあって、そこから、じゃ、どんな人生にしたいの?と自問自答しながら、思いつくことを実践してきただけです。もちろん、うまくいくことも、うまくいかないことも、たくさんありました。

私自身、人を傷つけたこともあるし、中途半端な仕事をして迷惑かけたり…、決して順風満帆に来たわけではありません。ただそういうマイナスな出来事のおかげで、自分自身を振り返り、成長することができました。

いくら人工知能が発達しても、人間にしかできないことがあります。それは体験したことを糧に、成長できることだと思っています。

ですから失敗を恐れず、やりたいことをまずは実践することを始めてください。実践がともなわないと何も起きません。何かをやる前にあれこれ考えるより、やりながら修正していく方が自然と進んでいきます。

ふつうの主婦で終わりたくない！と、モヤモヤしながら「いつかは成功してやるー！」と、成功願望を強く持ち続けていたわけですが、ただ、お金を追いかけるだけの、成金成功ではなくて、私は、人生を成功させたかったのです。私にとっての成功した人生とは、「自由な人生」です。

すべて自由自在になる！
そんな人生を歩みたい！
と思っていました。

当時どれだけ不自由だったんでしょうね。不自由にしていたのは、自分自身なんですけどね。
今は自由な人生を歩んでいるので、私的には成功したと言えます。

ビジネスで成功したければ、巷にノウハウはたくさんあります。それを目指される方は、それを学ばれると良いと思います。ただそれだけでは、人生の成功とは言えません。ビジネスで成功しても不幸な人はたくさんいます。そうなった人もたくさん見てきました。

特に女性は、ビジネスの成功だけではダメ！というのが私の持論です。

【蔦田塾】では、ビジネス以前のマインド（考え方）を、まず教えています。人生の成功を目指すためには、マインドを変えないと無理なのです。そして長期的展望でやってもらいます。だからすぐに結果は出ません。すぐ結果が欲しい人は【蔦田塾】は向きません。在り方を変えて、行動を変えてはじめて結果がついて来ます。

そして現在、私は望むものを手に入れられるお金とそれを満喫する時間を手に入れ、同じように夢を叶えるためにチャレンジし続ける仲間にも恵まれ、家族とも良好な関係を保ちながら幸せに暮らしています。

ここ数年、お茶会やランチ会などでたくさんの女性とお話をしてきました。おひとりおひとりの声を聴く中で、皆さまが望んでいる「幸せな女性起業家」像がはっきり見えてきました。私が辿り着いた「幸せな女性起業家」という生き方を、ひとりでも多くの女性に手に入れてもらいたいのです。

実は執筆中に17年間一緒に暮らした愛犬「ダン」が亡くなりました。亡くなる2ヶ月前に体調を崩してからほとんど「ダン」中心の生活でした。最期は私の横で天国に行きました。愛犬の介護を思う存分することができたのも「起業」という働き方をしていたからです。愛するものと一緒にいる時間を十分に取ることも「幸せ」で「豊か」なことです。

「起業して本当に良かった！そしてこれからもこの生き方を続けていく！」と再び決心しました。「自分の人生すべて自分次第でどうにでもできるということ」をもっと世の中に広めたいと思いました。

働く時間も、収入も、やることも、誰に何も言われることなく、自分の思い通りにできる。そして、自分を200％発揮することを、思う存分できる！ってこと。そして、自分が大切にしていることを、犠牲にせず仕事ができるということ。お金も欲しいし、周りから尊敬もされたい。ビジネスを大きく育ててみたい。でも、それだけではダメだったんです。

人生＝仕事だけではありません。

どんな人とどんな時間を使いたいか？が、私にとってはとても重要なことでした。そして心が震えるような時間を過ごしたかった。何の生産性もなくただ過ぎてゆく時間に自分の時間＝命を使いたくない！！だって命には限りがあるから。

そんなことを思いながら、心の震える時間を探りながら作っていきました。
心が震える時間とは、人それぞれ違いますが、
私にとっては、
・新しいことを発見したとき
・そしてそれを誰かに伝えて理解してもらったとき
・相手の心が震えている瞬間を見たとき
・周りのだれも手を付けていない領域を見つけたとき
・誰かのために役立てていると感じたとき
・相手が本来の自分を見つけたとき
などなど、

それができるのは「起業する」からこそ。自ら考え、悩み、苦しみ、だからこそ、自分のオリ

ジナル性が発見できる。それを使って世の中の人に貢献して、対価としてお金もいただき、感謝の言葉もいただくことができる。ありがたいことです。

もちろん、組織に属していたとしても得られるものかもしれません。しかし「起業」という働き方で、誰にも守られることはなく、自分のそのままの評価が下される、そんな厳しさがあるからこそ、達成できたときの喜びはひとしおです。

常に「起業は生き方です！」と言い続けているように、私はこの生き方が好きなんです。

だからこそ、これからも、「起業」という生き方は辞めないし、「起業」という生き方で、自分らしい幸せで豊かな人生を創り出したい女性と1人でも多く関わっていきたいと思っています。

自分の大切にしているものを、諦めることなく、犠牲にすることなく…、せっかくこの世に生まれて来たのだから、自分の人生を味わい尽くしましょう！そして幸せで豊かな人生を歩んでいきましょう！

また最後になりましたが、出版のチャンスを下さった中井隆栄先生、出版を実現させて下さった神田樹希先生、快くインタビューに応じて下さった「幸せな女性起業家」のみなさん、株式会社アバンダンスを支えてくれているスタッフ、【蔦田塾】の卒業生のみなさん、そして私の人生に関わって下さったすべてのみなさま、最後に私を生んでくれた天国の両親と、やりたいことを何も言わずやらせてくれている主人と、母として成長させてくれた2人の娘たち、すべての人のおかげで毎日楽しくて幸せで豊かな人生を過ごすことができています。本当にありがとうございます、感謝の気持ちでいっぱいです。

これからも、命ある限りますます成長して、世のため人のためになる人生を歩んでいきます。

最後にこの本を手に取って下さった読者の方々が、「幸せな女性起業家」への道を一歩でも歩まれること、そしていつかどこかでお会いできることを希望して筆を置かせていただきます

二〇二〇年四月

蔦田照代

推薦文

蔦田照代さんと初めて出会ったのは二〇一六年。私の主宰する中井隆栄経営塾の体験セミナーでした。「自分のオリジナル・コンテンツが作りたい」という動機で入塾されたのを覚えています。当時、自分のウリもわからない、パーフェクトカスタマーもはっきりしない、言語化がうまくできないなど五里霧中の状態から、塾での学びを素直にそのままスピーディーに実行され、なんと半年後には、今の【蔦田塾】ができ上がっていました。

世の中に、男まさりの経営をしている女性経営者はたくさんいますが、照代さんのように、家事も子育てもうまくこなしながら、ビジネスでも結果を出している人は、なかなかいないものです。

この本は、ビジネスの成功だけでなく、上手な家事や子育てなど、女性が幸せに成功できるためのエッセンスが散りばめられています。まさにタイトル通りの「幸せな女性起業家の教科書」と言えるでしょう。

経営コンサルタント

中井隆栄

著者：蔦田照代
（ツタダテルヨ）

株式会社アバンダンス代表取締役
幸せな女性起業家プロデューサー

「普通の主婦で終わりたくない」と 41 才で起業、51 才で法人化。イベント・セミナーの企画運営で年間 1000 人以上を、口コミとインターネットのみで集客。

6000 人以上の女性のコンサル経験と自身の紆余曲折で得た成功体験から、誰にでもお金に変えることができる能力・才能はあるという「キャッシュポイント発掘メソッド」を確立。

それらを体系化して「幸せな女性起業家育成講座（蔦田塾）」を開講。
2019 年 12 月現在、5 期を終えて 100 名以上の卒業生を送り出し、「キャッシュポイントを商品にしたら年商が倍になった」「売りたいものから売れるものに移行して月商 100 万円を達成した」「美容サロンで独立し年収が会社員時代より多くなった」「時間に余裕ができ、家族との関係が良くなった」など、仕事もプライベートも充実させて人生を楽しむ女性を増やしている。

アバンダンスホームページ
http://abundance2012.com/

幸せな女性起業家ホームページ
http://tsutadajyuku.com/

キャッシュポイントを年商 1000 万円のオンリーワンビジネスに変える
幸せな女性起業家の教科書

2020 年 4 月 26 日　初版発行

著者　蔦田照代
編集プロデュース　中井隆栄／神田樹希

表紙デザイン　麻生由佳

発行者　神田樹希

発行所　銀河出版舎
〒 602-0898 京都市上京区相国寺門前町 647
TEL 075-451-5402
http://ginga.site

製本・印刷　株式会社樹希社

ISBN-978-4-910006-13-0

心に残った言葉

実践しようと思ったこと